授業の腕が上がる新法則シリーズ

「社会」

授業の腕が上がる新法則

監修　谷 和樹

編集　川原雅樹・桜木泰自

学芸みらい社
GAKUGEI MIRAISHA

刊行のことば

谷　和樹（玉川大学教職大学院教授）

1 「本人の選択」を必要とする時代へ

今、不登校の子どもたちは、どれくらいいるのでしょうか。

約16万人※1

この数は、令和元年度まで６年間連続で増え続けています。小学校では、144人に１人、中学校では、27人に１人が不登校です。

学校に行けない原因が子どもたちにあるとばかりは言えません。もちろん、社会環境も変化していますから、学校にだけ責任があるとも言えません。しかし、学校の授業やシステムにも何らかの問題があると思えます。

以前、アメリカでPBIS（ポジティブな行動介入と支援）というシステムを取り入れている学校を視察しました。印象的だったのは「本人の選択」という考え方が浸透していたことです。その時の子ども本人の心や体の状態によって、できることは違います。それを確認し、あくまでも本人にその時の行動を選ばせるという方法です。

これと教科の指導とを同じに考えることはできないかも知れません。しかし、「本人の選択」を可能にする学習サービスが世界的に広がり、増え続けていることもまた事実です。例えば「TOSSランド」は子ども用サイトではありませんが、お家の方や子どもたちがご覧になって勉強に役立てることのできるページもたくさんあります。他にも、次のようなものがあります。

①オンラインおうち学校※2
② Khan Academy※3
③ TOSSランド※4

さて、本書ではこうしたニーズにできるだけ答えたいと思いました。

激動する社会の変化に対応する教育へのパラダイムシフト～子どもたち「本人の選択」を保障する考え方、そして幅広い「デジタル読解力」を必須とする考え方を公教育の中で真剣に考える時代が到来しつつあります。

そこで、教師の「発問・指示」をきちんと示したことはもちろんですが、「他にもこんな選択肢がありますよ」といった内容にもできるだけ触れるようにしています。

2 「デジタルなメディア」を読む力

PISA2018の結果は、ある意味衝撃的でした。日本の子どもたちの学力はそれほど悪くありません。ところが、「読解力」が前回の2015年の調査に続いて今回はさらに落ちていたのです。本当でしょうか。日本の子どもたちの読解力は世界的にそれほど低いのでしょうか。実は、他のところに原因があったという意見もあります。

パソコンやタブレット・スマホなどを学習の道具として使っていない。

これが原因かも知れないというのです。PISA がCBT といってコンピュータを使うタイプのテストだったからです。

実は、日本の子どもたちはゲームやチャットに費やす時間は世界一です。ところが、その同じ機械を学習のために有効に使っている時間は、OECD 諸国で最下位です。もちろん、紙のテキストと鉛筆を使った学習も大切なことは言うまでもありません。しかし、写真、動画、Web ページなど、全教科のあらゆる知識をデジタルメディアで読む機会の方が多くなっているのが今の社会です。

そうした、いわば「デジタル読解力」について、今の学校のカリキュラムは十分に対応しているとは言えません。

本書の読者のみなさんの中から、そうした問題意識をもち、一緒に研究を進めてくださる方がたくさん出てくださることを心から願っています。

※1　文部科学省初等中等教育局児童生徒課『平成30年度児童生徒の問題行動・不登校等生徒指導上の諸課題に関する調査結果について』　令和元年10月　https://www.mext.go.jp/content/1410392.pdf
※2　オンラインおうち学校　(https://www.alba-edu.org/20200220onlineschool/)
※3　Khan Academy (https://ja.khanacademy.org/)
※4　TOSSランド (https://land.toss-online.com/)

まえがき

温故知新・継承と創造

上記が本書のコンセプトです。

戦後、先輩方が日本の社会科教育の礎を創ってくださいました。

多くの民間教育団体がありました。

「経験主義vs系統主義」「歴史教育の在り方」など、多くの論争もありました。

これらの歴史の中で、創られてきたのが現在の社会科教育です。

本書は「TOSS向山型社会」の理念や実践・授業を基に構成しました。

①実証主義（徹底した事実を大切にする） ②人間主義（人間を大切にする） ③日本主義（日本を大事にする） ④未来主義（未来を見据えて授業する） ※上記を説明でなく主張でもなく、授業という形で行っていく。

上記理念を基に、TOSS向山型社会では、これまでの社会科教育を引き継ぎ、改良し、基本形を創ってきました。

例えば「写真の読み取り「グラフの読み取り」「地図帳指導」「調べ学習」などです。

教科書の内容は、大まかに「本文」「写真」「統計」「地図」「年表」の５つの資料から構成されています。

「写真」を読み取って、調べ学習につなげる方法

「統計資料」を読み取って、調べ学習につなげる方法……etc.

これらの１つ１つが、どの単元でも応用し使用できます。

これらを体系的に構成したのが本書「基礎基本編」です。

本書があれば、どの学年でもどの単元でも、必ず子どもが熱中する授業を創れる

上記を目標に本書を創り上げました。

そして「創造」です。

時代は劇的に変化しています。

今回の指導要領改訂も、AIなど、新しい時代に対応するよう作られました。

本書も、新時代に対応するよう創りました。

①新指導要領と関係する AI や IoT
② PISA 型デジタル情報を読み取る授業、
③今回新しく教科書に入ったSDGs
④フェイクニュースが叫ばれる今だからこそ、正しい情報を見分ける力

など、新しい学習の方法も提案しています。

様々なアナログ資料、そしてこれからのデジタル資料。

産業構造、歴史など、これまでの社会科内容と、変化していくこれからの社会科の内容。

どちらにも対応できる……それが社会科の継承と発展なのだと考えています。

どちらにも耐えられる、そして発展させるコンセプトで、今後、各学年編も随時発行していく予定です。

多くの先生が本書で社会科授業が具体的にイメージできるよう、できるだけビジュアルに、すぐ使えるような構成にしました。

お互いに「あの先生の社会科はすごい！」と言われる授業を創っていきましょう。

川原雅樹

目　次

目　次

必ず記憶させる事項とは

今回の学習指導要領改訂で次の２つは必ず小学校卒業までに暗記します。

①47都道府県の名称と位置（必ず漢字で） ②六大陸と三海洋の名称と位置

①2019年までの学習指導要領では「47都道府県の名称と位置」が必ず暗記させる事項で、解説の最後のページに載っていました。
②2020年からの新学習指導要領では、そこに
「六大陸の名称と位置」
が加わりました。
グローバル化の目的のためです。
③47都道府県の名称の漢字は、新学習指導要領の国語４年生で全て学習させます。よって５年生では47都道府県の名称を全て漢字で書けなければなりません。

2019年までの学習指導要領には、次のように書かれていました。

小学校修了までに我が国の47都道府県の名称と位置を確実に身に付け……

これはわざわざ学習指導要領解説の最後のページに項を起こして書かれています。しかし、他の「歴史の年号」「外国の国名」「地図記号」などを覚えるような記述はありません。

例えば歴史については、以下の様に指導要領には載っていました。

小学校の歴史学習において、歴史上の細かなできごとや年号などを覚えさせることより、（中略）歴史を学ぶ楽しさを味わわせ……

地図記号や八方位については「活用」とだけ記述があり、外国の国名については「３カ国程度取り上げ」と記述されていました。

そこに今回、「六大陸と三海洋」が加わったのです。

POINT!

①重要なのは「名称」と「位置」を覚えさせることです。
②地図に番号がふってあって、横や下に答えを書くテストだと、番号順に「名称」だけ暗記して位置を覚えられないので、やめます。
③略地図を書くこと、テストでも、その位置に都道府県名や大陸名などを書くことが重要です。

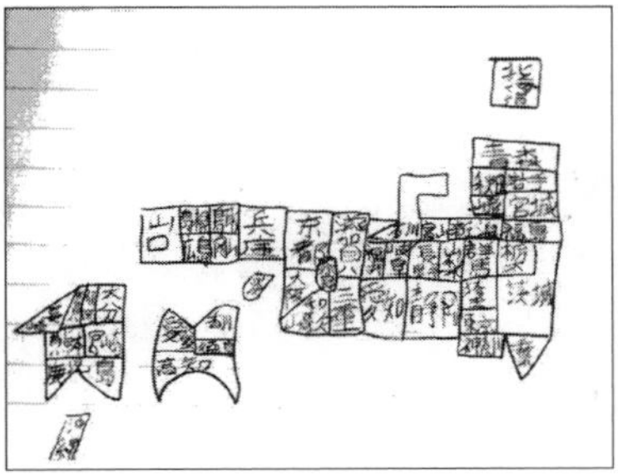

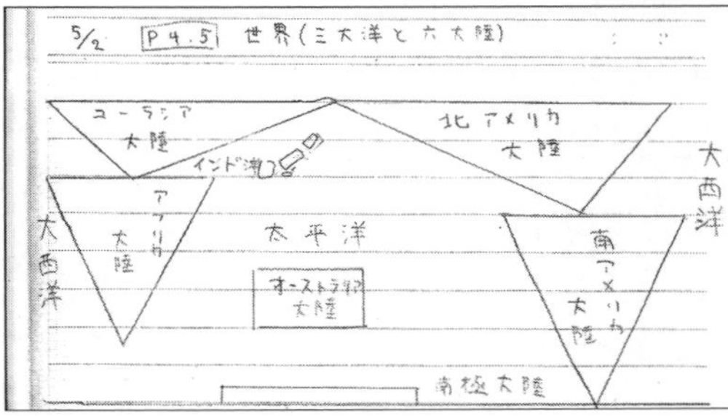

覚える方法の詳細は次章から掲載されています。

上は子どもが書いた47都道府県と六大陸と三海洋です。

47都道府県は例えば「中国地方」「四国地方」のように、地方ごとに略地図を書かせます。最後までいくと、子どもは「合体させてみよう」と日本全図を自然に書くようになります。重要なのは、「体力主義」でテストばかりすると子どもたちは社会科嫌いになってしまうので、遊びながら自然に、いつの間にか覚えてしまうような学習にすることだと考えています。

深い学びへ：未来への創造

①授業の時に地名が出てきたら、必ず地図や地球儀で調べさせます。
②教室に日本地図、世界地図が常時貼ってあることが重要です。
③地球儀も２人に１個見られる小さい物の方が便利です。
④グーグルアースで六大陸の位置と三海洋を見せる。
※その際、大西洋がアフリカ大陸、ユーラシア大陸と、北、南アメリカ大陸と隣接している所を見せます。

今後、１人１台のPC・タブレットが配布されます。その際は教室で簡単にグーグルアースでその場所を見ることができます。

（川原雅樹）

「社会的な見方・考え方」と「公民的資質」

> ①「社会的な見方・考え方」とは、社会的事象　の課題解決の「視点10個」のことである
> ②公民的資質とは、「多角的な考え」「グローバルな対応」「政治参加能力」の３点である

①新学習指導要領では、各教科「○○的な見方・考え方」が明示されました。
　社会科の場合は、その視点が10個あります。
②公民的資質の内容について初めて指導要領で明示されました。

A　社会的な見方・考え方

「社会的な見方・考え方」定義

「社会的な見方・考え方」は、課題を追究したりする活動において、**社会的事象の意味や意義、特色や相互の関連を考察**したり、社会に見られる**課題を把握して、その解決に向けて構想したりする際の視点や方法**です。

以下に課題解決のための資料を読み取る向山洋一氏提唱の視点10箇条を示します。

深い学びへ：未来への創造

①位置
②空間的な広がり（分布、範囲）
③時期・時間の経過（起源・変化・継承）
④事象間の関係（つながり）
⑤事象と人との関係（つながり、協力、工夫、関わり）
⑥比較（違い・共通点）
⑦分類（違い・共通点）
⑧総合（違い・共通点）
⑨地域の生活との関連づけ（役割）
⑩国民生活との関連づけ（役割）

※新学習指導要領 解説編より著者が箇条書きにしました。

社会科的な見方・考え方は、後で述べる「写真読取」の授業の読取表で、ほぼ網羅できます。

B　公民的資質

公民としての資質・能力の基礎は、次の3点に整理されています。

①多角的に考える

②グローバル化に対応する

③政治参加の能力を養う

さらに、「公民的資質」上記３点のそれぞれの詳細は以下です。

①多角的に考える＝社会事象を多面的・多角的に考察すること、複数の立場や意見を踏まえて選択・判断すること

②グローバル化への対応＝グローバル化する国際社会に主体的に生きる平和で民主的な国家及び社会の有為な形成者に必要な資質・能力を育成すること

③政治参加の能力＝選挙権を有する者に求められる資質・能力、民主的な政治に参画する国民としての資質・能力の基礎を育成すること

深い学びへ：未来への創造

公民的資質は、昔から社会科民間教育団体では「選挙できる能力」と言われてきました。まさに政治参加のことです。だから６年生は政治単元から始まるようになったのですね。これも１つのグローバル化です。

文部科学省はグローバル化を次の様に定義しています。

> 情報通信技術の進展、交通手段の発達による移動の容易化、市場の国際的な開放等により、人、物材、情報の国際的移動が活性化して、様々な分野で「国境」の意義があいまいになるとともに、各国が相互に依存し、他国や国際社会の動向を無視できなくなっている現象

グローバル化は「新しい技術・文化の創出や発展」「生産性向上」「国際問題の解決」等のメリットと同時に「国内産業の空洞化」「伝染病・感染病の蔓延」「外来種による生態系の破壊」等のデメリットをもたらします。各授業の際はメリット・デメリットの両方を扱うことが、今後の社会科授業の１つの役目にもなってきます。

（川原雅樹）

教科書の構造から見えてくる授業のイメージ

POINT! 社会科教科書は「①文章」「②写真・イラスト」「③統計」「④地図」「⑤年表」の５つの資料から構成されています。

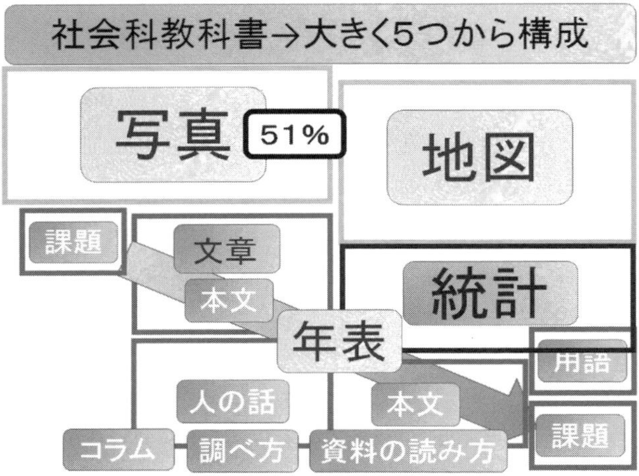

左は、実際の教科書見開き２Ｐの構成を書いたものです（著作権の関係でバックの教科書は削除）。

社会科教科書を大きく５つの資料に分けて考えると、授業作りもわかりやすくなります。

①文章資料（課題、本文、コラム、人の話、資料の読み方、用語など）
②写真・イラスト資料（教科書全体の50％以上を占める）
③統計資料（棒・柱状・折れ線・円・帯などのグラフや表）
④地図（地図の中にイラストや統計が入っているものもある）
⑤年表（３年生と６年生に多い）

向山洋一氏は実際の教科書を全部調べ「写真・イラスト資料」が全体の51％を占めると述べました。筆者も全会社の教科書を調べてみました。写真・イラストを行数に計算して全体の割合を計算してみると、現在は52％でした。半分以上は写真・イラスト資料です。

社会科教科書は……ある社会事象を **①写真でイメージさせ ②本文で説明し ③統計で証拠を示し ④地図で場所を ⑤年表で時間** を表現しています。

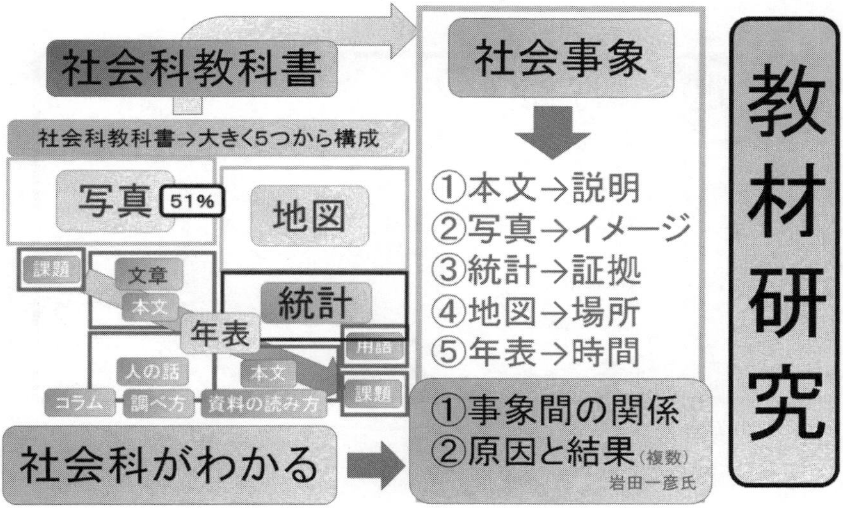

社会事象の原因の多くが複数

社会科がわかるとは事象間の関係の原因と結果がわかることです（岩田一彦教授「概念探求型社会」より）。ある社会事象の原因は１つではなく、多くの場合、複数あります。 複数の原因を可能な限り調べ、上記５つの資料 と「発問」「指示」「調べ学習」で単元・授業を構成することが、社会科の「教材研究」です。

有名な実践に向山洋一氏の「青森のりんご」があります。青森のりんごが日本一の生産量になったのは「気候が合っていたから」と教科書記述にはあります。しかし同じような気候は日本中にあります。青森のりんご生産量日本一には「大地主の存在」「日清戦争」「日露戦争」「港が近い」など、複数の原因がありました。これを統計用語で「共分散構造」といいます。

（川原雅樹）

教科書の「文章資料の種類」と「読み取らせ方」

POINT! 教科書の文章資料は、大きくは「①課題」「②本文」「③人の話」「④コラム」「⑤資料の読み方」「⑥用語」から構成されています。

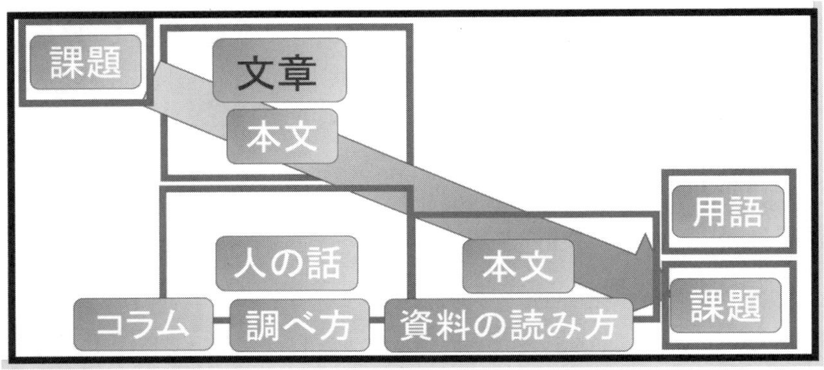

ほとんどの教科書の場合、一番上に「課題」がきます。そして、横に課題を解決するための「本文」があります。多くの場合、「本文」の量が一番多いのです。更に教科書には「人の話」が単元ごとに出てきます。社会科という教科が人が、創った社会的事象を扱った教科ですので当然のことです。しかし、最近増えたのが「資料の読み方」です。グラフの読み取り方、写真の見方などもここに入ります。更に「調べ方」というページも増えました。学習指導要領で一番たくさん出てくる言葉が「調べ」という言葉ですので、調べ学習は社会科の中心となります。また、「用語」という言葉があります。社会科には多くの用語が出てきますので、それを説明するためのものです。更に多くの場合、見開き２Ｐの最後に課題に対する「結論」と、その隣に新たな「課題」が書かれ、次のページに進むという構成です。

授業方法　※教科書の文章資料だけを扱う場合を紹介します。

①課題、指さして。読みます。（範読）→立って読みなさい。

まず課題が書いてある場所を確認します。どのページも、大体左上です。繰り返すうちに、説明しなくても課題の場所が理解できます。

※前ページ①から続いて行います。

②（本文）後について読んでください。（一文ずつ追い読み）

③<u>途中、キーワードの言葉だけを繰り返し追い読みする。</u>

④（キーワードを）赤鉛筆○で囲みなさい。

⑤１Ｐの本文を同じように追い読みをする。

⑥<u>○で囲んだ所だけ、後について読んでください。（追い読み）</u>

⑦立って一度読みなさい。（もう１Ｐも同じように繰り返す）

重要なのは下線部分です。社会科には重要なキーワード（用語）がいくつか出てきます。用語を説明できるだけでも、ある程度、そのページを理解できたとも言えます。後で「用語解説」部分を読ませるときにも、このように重要用語を○で囲ませ、その部分だけでも３回自然に読ませることにより、よりキーワードが意識できます。

ちょっとした裏技「人の話」だけを読んでいく

年度末、単元が終わらず焦ることがあります。そんな時は教科書の「人の話」だけを読んでいきます。社会科は人間が創った社会科学を扱います。人の話を読むだけで、何となく単元内容を理解できます。

「ちょっと専門的に」教材研究としての深い学び

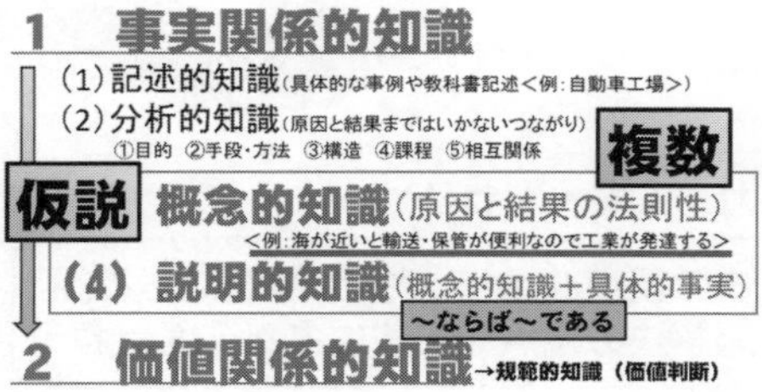

1　事実関係的知識
（1）記述的知識（具体的な事例や教科書記述<例：自動車工場>）
（2）分析的知識（原因と結果まではいかないつながり）
①目的　②手段・方法　③構造　④課程　⑤相互関係
複数
仮説
概念的知識（原因と結果の法則性）
<例：海が近いと輸送・保管が便利なので工業が発達する>
（4）説明的知識（概念的知識＋具体的事実）
～ならば～である
2　価値関係的知識
→規範的知識（価値判断）

岩田一彦氏は知識を左のように分けています。左の「記述的知識」と「概念的知識」の違いを教科書から見つけることが教材研究のスタートです。最終的には「概念的知識」を獲得させることが社会科の目標となります。

（川原雅樹）

教科書の写真資料を読み取らせるポイント

§1 社会的な見方・考え方を自然に育てる

全体構造 STEP4

①写真読み取り「わ、き、お」の指示をします。（次p②）
②子どもの意見分類表に当てはめます。
③読み取り表通りに発問して、読み取る視点を育てます。
④単元の目標に迫る発問をして討論、調べ学習に持っていきます。

今回の改訂から各教科に**「○○的な見方・考え方」**が入りました。**「雪小モデル」**の学習では、自然に**「社会的な見方・考え方」の視点**が身につきます。

※「雪小モデル」とは、向山洋一氏が1991年に雪が谷小学校で提唱した社会科における写真読み取りの授業方法のことです。

新学習指導要領＝社会科的な見方・考え方の視点 10

「社会的な見方・考え方の視点10」は、課題を追究したりする活動において、社会的事象の意味や意義、特色や相互の関連を考察したり、社会に見られる課題を把握して、その解決に向けて構想したりする際の視点や方法であると考えられます。

①位置
②空間的な広がり（分布、範囲）
③時期・時間の経過（起源・変化・継承）
④事象間の関係（つながり）
⑤事象と人との関係（つながり、協力、工夫・関わり）
⑥比較（違い・共通点）
⑦分類（違い・共通点）
⑧総合（違い・共通点）
⑨地域の生活との関連づけ（役割）
⑩国民生活との関連づけ（役割）

この視点10が学習指導要領にある課題解決の視点や方法にあたるんだね

雪小モデルで授業をすると、自然に、この視点10を子どもたちが習得するんだね

※新学習指導要領 解説編より著者が箇条書きにしました。

雪小モデル全体像

①１枚の写真を準備します。（提示用、子ども用の２種類）
②指示「写真を見てわかったこと、気づいたこと、思ったことをノートにできるだけたくさん箇条書きにしなさい」
③３つ書けたら持っていらっしゃい。
④１つ選んで黒板に縦書き・名前も（　　）に書かせます。
⑤次々立って発表します。
⑥評価 or 発問 or「おかしい意見」を聞いて討論します。
⑦単元の課題になる発問→討論 or 調べ学習（見学含）へ。
⑧まとめ（討論や課題の結論、ノートまとめなど）。

上が基本形となります。③の段階で子どもたちはたくさんの意見を書きます。**日本で一番たくさんの意見が出たクラスは６年生有田和正学級です。長篠の絵の読み取りから400以上の意見が出ました。**

今日は有田学級を超えて日本一を目指そう。

年に一度くらい上記のように時間をとって挑戦すると、更にたくさんの意見を書くようになります。筆者の場合、１時間ずっと読み取り時間にし、背面黒板まで子どもに開放して意見を書かせました。書けない子にはどんどん真似させ、どんな意見も認めます。

①もう10個書けた人？（挙手）　超天才!!
②今一番は……40個。すごい。もっと上いける？
③席を離れて友だち同士で更に次々書いていきなさい。

上のように子どもを乗せていきます。子どもたちは次々書きます。
このような体験を一度通ると、子どもたちの読み取りの質も変わってきます。

まずは量、そして質

という流れが大切です。

子どもの意見分類表

A 子どもの意見分類表 一人 最低（ ）：最高（ ）総数（ ）

		目についたこと	くらべたこと
もの・形 ～がある ～が大きい 白い	①人 ②建物 ③のりもの ④山・川・自然 ⑤道具・機械 ⑥かんばん ⑦その他	A	E
分布 ～が多い、少ない、いっぱい		B	F
地域的・空間的なこと どこ、どちら向き		C	G
時代的・時間的なこと いつ、何時		D	H
その他		I	

読み取りの質を高めるためには視点が必要です。最初、子どもの意見のほとんどは左表のA番地に入ります。「人がいる」「ビルがある」などの「～がある」が最も多いです。それ以外の視点を分類表で育てます。A～Hにいくにつれ、読み取りは高度になります。大きくは「目についたこと」「くらべたこと」と分類もできます。最初、写真から情報を読み取るだけですが、この表で発問していくと「自分の体験」と比べて書くようになります。時にIは「ホームラン級」の意見で、討論のテーマになることもあります。

子どもの意見分類表と社会的見方・考え方

A 子どもの意見分類表 一人 最低（ ）：最高（ ）総数（ ）

		目についたこと	くらべたこと
もの・形 ～がある ～が大きい 白い	①人 ②建物 ③のりもの ④山・川・自然 ⑤道具・機械 ⑥かんばん ⑦その他	位置 A	事象間人との関係 E
分布 ～が多い、少ない、いっぱい		広がり B	比較分類総合 F
地域的・空間的なこと どこ、どちら向き		空間 C	G
時代的・時間的なこと いつ、何時		時間 D	H
その他		生活との関連 I	

前述の「社会的な見方・考え方視点10」を分類表に当てはめたものが左です。全ての項目が分類表に当てはまります。後述するように、分類表通りに発問していくことで、社会的見方・考え方の全てが自然に習得できてしまいます。

最後は討論または調べ学習に

社会科教科書の半分以上は「写真・イラスト」資料です。ここから導入して討論、調べ学習に続けていくと、ほとんどの単元構成が写真の読み取りからできてしまいます。

前述したように初めは大きく問い、できるだけたくさんの意見を出させます。次に発問や評価、討論をし、課題をはっきりさせます。

これが本時目標達成のための発問となります。

向山洋一氏は次のような発問例をあげています。

①商店街の工夫を発表しなさい（ノートに書きなさい）。
②武士の日常生活について発表しなさい。（調査活動をする）

多くの単元で１枚の写真から単元目標を達成できる発問は次の通りです。

○○の工夫をできるだけたくさん見つけなさい。

左の写真なら「事故が起こらない工夫を見つけなさい」で、３年生の安全を守る単元になります。庄内平野の田の写真なら「米をたくさん作る工夫を見つけなさい」となり、魚を捕っている漁船の写真なら「魚をたくさん捕る工夫を見つけなさい」となります。これらを討論し、調査活動・見学へとつなげると、ほとんどの単元が構成できることになります。

①意見をたくさん出させる→②分類や発問により読み取り能力を高める→③本時の目標達成のための発問→④調査・討論　が全体像です。

（川原雅樹）

教科書の写真資料を読み取らせるポイント

§2 どんな写真を選べばいいのか 教科書の写真３つの型

基本は教科書の写真を選ぶのが一番です。教材の狙いを達成させるため、編集者の意図があるからです。教科書の写真は、概ね次の３種類に分けられます。

①自社撮影　②レンタル会社からのレンタル　③行政からの貸与

（教科書会社に問い合わせると、時期や撮った方角は必ず確定できます。
※かつての教科書には、その写真の前後の時間の写真が載っていることもあります。）

選ぶ写真の３つの型

①単元の目標達成となる事項が明確な写真（読み取りしやすい写真）
②討論・調べ学習につながる写真（意見が分かれる写真）
③雪小モデルで発問できる写真（読み取りの技能が身につく写真）

【3つの型：①・②】「読み取りしやすい写真」「意見が分かれる写真」

具体例・実践例

３年「安全を守る人々の仕事」
（新学習指導要領で４年生より移行）

事故現場で３種類の人が仕事をしています。警察、救急、レスキューです。安全を守る人々の仕事、そして連携を本写真からは読み取ることができます。まずは単元目標が達成できる写真を授業に使うことが第一条件となります。

①写真を見て、わかったこと、気づいたこと、思ったことをノートにできるだけたくさん箇条書きにしなさい。（５分程度）
②３つ書けたら持っていらっしゃい。

「すごいねえ。この意見書いて」と褒めながら、子どもたちに板書させ、意見を発表させます。（詳細は後述）

③おかしい意見があったら発表しなさい。

これで多くの場合、討論となります。この写真の場合、事故車の下にある物が何か、筆者の学級では討論になりました。「トラックからこぼれた砂」「水に道路のゴミが混ざった」「火事を起こさないための薬」など様々な意見が出ました。

※写真の読み取りだけで子どもの意見が分かれるような事例が写っている写真は、討論、調べ学習につながりやすいので、その写真の導入だけで、単元が組み立てられます。

【3つの型：③】読み取り技能から身につく写真

④もう１枚、写真を見てみましょう。

前ページの写真は、30年以上前の写真ですが、左の写真も同じく30年以上前の写真です。よく見ると、同じ場所の同じ事故であることがわかります。**2枚の同じ場所で時間系列が違う写真は授業に取り上げやすいです。「どちらが先に撮られた写真ですか」というだけで読み取り技能や、社会的な見方・考え方が身についていきます。**

事故現場や火災現場の写真の場合、多くは警察署や消防署など、公的な機関からの貸与であることが多いです。
突発的な事故や火災現場に教科書会社が撮りにいくことは難しいですし、モラル的な問題があるからです。
行政貸与だからこそ、時間経過を撮った写真が存在します。
複数の教科書会社やずっと昔の書物などを調べると、同じ現場の時系列が前後した写真を見つけることが多いです。

⑤同じ場所ですか、違う場所ですか。
⑥どちらが先に撮られた写真ですか。
⑦この写真に、砂のようなものはありますか。

同じ場所で、前ページの写真が先に撮られたものです。高速道路の細かい部分を見れば同じ場所だとわかります。頭に包帯を巻いている人がこのページでは、まだトラックに乗っていることでも、前ページが先に撮られた写真だとわかるでしょう。

前ページの写真には、まだ砂のような物は見えない。これは「オイル吸着剤」という砂のようなもので、二次災害を防ぐためにまかれるものです。これもまた安全を守る工夫の１つであり、単元目標を達成させる内容でもあります。

が、この時点ではまだ正解は言わないでおきましょう。

⑧事故現場の仕事で、この写真に写っていない人は誰ですか。

例えばマスコミが来ているのかもしれません。また、配管・配線の関係で、ガス・電気・水道関係の人が来ているのかもしれません。

「写真に見えていないこと（人）を問う」ことでも仕事がよく見えてきます。

「邪魔な人は誰ですか」と問うこともできるでしょう。

⑨ この写真に順番をつけてごらんなさい。

これも見えないことを聞いています。最初は「①事故」です。次に「②110番（もしくは119）へ電話」となります。これで警察、消防への電話番号も確認できます。そして様々な人が到着していきます。

⑩一番先に現場に到着したのは、警察、レスキュー、救急のうち誰ですか。「誰」と書いて、思いつくだけ理由を箇条書きにしなさい。（５分程）
⑪同じ意見の人同士集まって、理由を書き足してごらんなさい。
⑫相手への反対意見もノートに書いておきなさい。

これで10～15分ほど時間を取り、そして討論させる。

「最初に交通整理をしないといけないから警察が先に来る」「人命救助が先だから救急」「先に車を開けないといけないからレスキュー」「砂みたいな物をまかないといけないから……これは誰がまくの？？」など様々な意見が出ます。自然と事故現場での仕事内容に言及していきます。

⑬どうやったら調べられますか。

様々出るが「警察に聞いてみよう」という意見が出て、見学へとつながります。このように写真の読み取りから調べ学習へと単元を作ることができます。

（川原雅樹）

教科書の写真資料を読み取らせるポイント

§3 多くの情報を読み取らせる「指示発問と板書法」

①読み取りの指示の一言一言と、その順番の全てに意味があります。
②縦書きに板書させるから、スムーズに子どもが板書できます。
③板書するから、低位の子どもも意見を書くことができます。
④最後に自分の名前を書かせるから、発表がスムーズです。
⑤読取った事柄が板書に残るから討論になります。

読み取りの指示とその意味

写真を見て、わかったこと、気づいたこと、思ったことを ノートに、できるだけたくさん箇条書きにしなさい。

①わかったこと、気づいたこと、思ったこと

最初の発問は大きく問います。この方が「経験の層」を厚くし、「読み取りの技能」も高まるからです。

大切なのは**「全員が自分の意見を持っている」**ことです。だから、「わかったこと」「気づいたこと」「思ったこと」と３つ指示します。「わかったこと」ではクラスの１割くらいの子しか書けません。「気づいたこと」でもクラスの半分から７割程度の子しか書けません。**「思ったこと」があるから「思ったことなら何でもいいのだ」と子どもが気軽に書ける**のです。最初のうちは**「ほんのちょっとでも思ったこと」**を使うこともあります。「例えば写真が白黒だとか、思ったことなら何でもいいのです」と例示もしてあげます。

順番も**「思ったこと」が一番最後に来るから、ワーキングメモリーの低い子どもでも「思ったこと」だけが頭に残り気軽に書ける**のです。

「わ、き、お」と覚えておくと、順番も間違えずに、この３つを指示することができます。

②ノートに　できるだけたくさん　箇条書きに

プリントではなく、ノートに書かせます。できるだけたくさん書くから、**ノートの次のページ次のページへと書ける**のです。プリントだとそうはいきません。「できるだけたくさん」と指示するので、子どもたちは細かい部分をじーっと見るようになります。**たくさん書くからこそ、読み取りの質も上がる**のです。

箇条書きは「・」ではなくナンバリングさせます。自分で今いくつ書いているか、メタ認知できるからです。

途中に数を確認する

①もう１個書き始めた人？
②３個よりたくさん書いた人？
③10個以上書いた人？　数を聞かせて。

途中で数を確認すると、子どもたちの書く目安にもなります。目標もでき、書く気も出てくるのです。

③縦書きに板書、名前も入れさせる

読み取りの際「３つ書けたら持っていらっしゃい」と言い、子どもがノートを持ってきたら大いに褒め、「これ書いて」と１つ選んで板書させます。写真のように縦書きにし、あらかじめ「・」を黒板に打っているから、書くときに混雑しません。最後に名前を書かせるので、発表もスムーズになります。

（川原雅樹）

教科書の写真資料を読み取らせるポイント

§4 読み取らせた後→評価して読み取り能力を高める

①立たたせて次々に全て発表させます。できるだけ間をあけません。
②教師が次々に評定します。間をあけず次々といきます。観点は「雪小モデル意見分類表」基に行いますが、大体でいいです。
③評定後、もう一度書かせると、社会的な見方・考え方の観点で写真を読み取るようになります。

新指導要領との関連

雪小モデル意見分類表を基に評定するので、資料読み取りの際、子どもたちに学習指導要領の社会的な見方・考え方10(P12参照)が自然に身につきます。

授業方法 ※子どもが読み取りの意見を全て発表した後に評価する際の授業例です。

A 子どもの意見分類表　一人　最低（ ）：最高（　）総数（　）

		目についたこと	くらべたこと
もの・形 〜がある 〜が大きい 白い	①人 ②建物 ③のりもの ④山・川・自然 ⑤道具・機械 ⑥かんばん ⑦その他	A	E
分布 〜が多い、少ない、いっぱい		B	F
地域的・空間的なこと どこ、どちら向き		C	G
時代的・時間的なこと いつ、何時		D	H
その他		I	

①先生が10点満点で点数をつけます。

観点は左の「分類表」ですが、大体でいいです。大まかに「〜がある」のA番地は1点、分布2点、方角3点、時間4点、比べてたら5点以上、そのほか面白かったり、討論になりそうだったり、誰も書いていない意見がそれ以上とします。考えて間があくより直感で次々と評定していきます。

・「山がある」で「～がある」だけだったら１点だけど、「看板の山の漢字を見つけている」から２点
・「いっぱい」と、「多い少ない」が書いてあるから３点
・「南の家の方が小さい」と、「方角」と「物」と「大きい小さい」 が書いてあるから７点
・「ホームセンターの駐車場はいつもいっぱいなのに、この写真は少ない」と、自分の体験と比べているから６点

左頁の写真は３年生「校区の様子」の授業の板書です。背面黒板まで使い、かなりたくさん書いています。上のように次々と評定していきます。

POINT! **評価の観点を示しながら評定すると、次から見方が変わります。**

「多い少ない」の分布、方角、自分と比べているからなど、読み取り表の観点、つまり社会的な見方・考え方を示しながら評定するので、子どもたちは写真を見る観点を自然に学びます。

②もう一度書いてごらんなさい。１つ書けたら持ってきます。

持ってきたら、黒板の意見を消させて、最初と色を変えて（黄色）で板書させます。子どもたちの読み取りはガラッと変わります。

最初の頃に何度かやるだけで、**説明せずとも自然と「社会的な見方・考え方」が身についていきます。**

質と量のどちらにこだわってもOK

このようにやると質にこだわる子が出てきますが、最初の指示で「～がある」をたくさん書いて量にこだわる子もいます。点数は低くても、量がたくさんなことは、それも立派なことです。量は質へと変わるので、もちろんそれも認めます。

（川原雅樹）

教科書の写真資料を読み取らせるポイント

§5 読み取らせた後→雪小モデル通りに発問する

①雪小モデル「子どもの意見分類表」の観点通りに発問するので、自然と学習指導要領の社会的な見方・考え方が身につきます。
②分類表の観点となる発問は、概ね討論になりやすく、調べ学習へとつながります。
③最後に単元目標を達成する発問をし、単元全体を構成します。

新学習指導要領との関連

雪小モデルの意見分類表を基に発問することにより、子どもたちに学習指導要領の社会的な見方・考え方10（P12参照）が自然に身につき、資料読み取りの観点が身につきます。

授業方法

※５年「米作りの工夫」(農業単元)、庄内平野の写真です。教科書はもっと鳥瞰図になっています。著作権の関係上、イメージ写真です。前述の子どもが読み取りの意見を全て発表した後に発問していく授業例です。

①何が多いですか。

A 子どもの意見分類表　一人　最低（　）：最高（　）総数（　）

		目についたこと	くらべたこと
もの・形 ～がある ～が大きい 白い	①人 ②建物 ③のりもの ④山・川・自然 ⑤道具・機械 ⑥かんばん ⑦その他	A	E
分布 ～が多い、少ない、いっぱい		B	F
地域的・空間的なこと どこ、どちら向き		C	G
時代的・時間的なこと いつ、何時		D	H
その他		I	

意見分類表通りに発問していきます。A欄は大体子どもたちから自然に出てきます。

まずは**B「分布」**から発問します。「何が多いですか」と聞くと、庄内平野の写真なら「田」、工場なら「機械」、雪国なら「雪」と、単元の中心的なことを確認できます。

②何県何市ですか。地図帳で調べなさい。

C「地域」。地図帳は次の布石です。「山形県酒田市」となります。

③どちらの方角から撮った写真ですか。

地図帳が活躍します。**C「方角」**です。写真と地図を見比べ、鳥海山と最上川の向き等から「南から」と確定します。

④季節はいつですか。　⑤何月頃の写真ですか。

D「時間」。田植えから見て「春か夏」、鳥海山の様子から「７月頃」となります。教科書会社に確認しておくといいです。

⑤自分の住んでいる地域と比べてごらんなさい。
⑥お米がたくさんできる工夫を写真から見つけなさい。

ノートに書かせます。**「比較」と「単元目標」**になり、討論になり、**自然と調べ学習へ**とつながっていきます。

（川原雅樹）

教科書の写真資料を読み取らせるポイント

§6 読み取らせた後→「おかしい意見」を聞くと、自然とミニ討論

①読取発表後「おかしい意見はありますか」と問います。
②おかしいか合っているかを問うことで、自然にミニ討論となります。
③結論は出さずに、調べ学習へとつなげます。

具体例・実践例

※左は５年「高地のくらし」の徳島県上勝町の写真です。写真は著作権上イメージですが、教科書には同じように青々と茂った棚田の広がる写真が掲載されています。

以下は、読み取りが終わり、下のような板書を全員が読んだ後の授業例です。

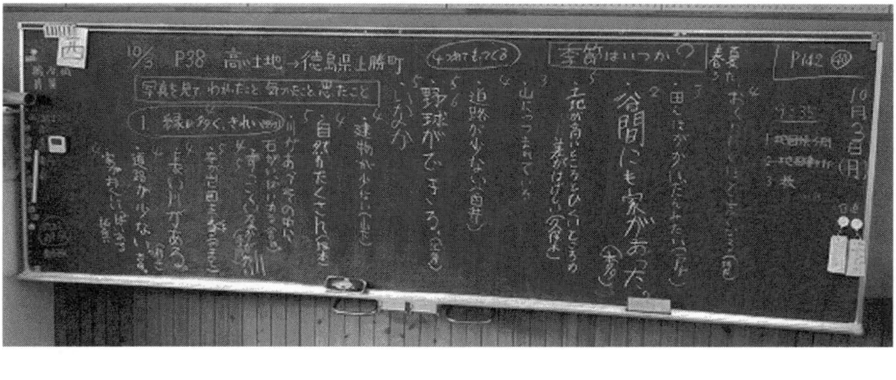

①おかしい意見があったら、立ってどんどん発表しなさい。

「これは田んぼじゃないんじゃないか」という意見が出ました。自分の地域と比べて「段々畑じゃないか」と言うのです。反論で「５月頃の田の写真だ」と出ました。これも自分の地域の田植えの時期と比べた意見です。結果、次の討論となりました。

この写真はいったい、何月頃の写真なのだろう？

自分の地域と高地の気候や生活を比較する課題にもなっています。

②どうやって調べましょう。

「教科書会社にメールしよう」ということになりました。教室で文面を考え、授業中、その場で発信しました。次の週に回答が返ってきました。**教科書会社は意図的に写真の時期を撮っているとのことです。「５月頃」という回答**でした。それを子どもたちに告げました。

次の日、一人の子が上勝町の棚田の写真を持ってきました。ホームページで調べたそうです。５月から８月の写真です。

５月はまだ苗がない。６月にやっと苗を植えている。７月８月に写真のように稲が青々と茂っている。どう考えても５月じゃない。

篠山市立城南小学校　川原　雅樹先生

お世話になります。
平素は，弊社社会科教科書に関してまして，
格別のお引き立てをいただき，厚く御礼申し上げます。
さて，再度お問い合わせいただいた件ですが，
撮影したカメラマンに確認したところ，2009年８月20日
とのことでした。
誤った撮影時期をお伝えし，誠に申し訳ございません。
この写真は，教科書供給前に差し替えをおこなっており
その撮影時期をお伝えしておりました。
ご迷惑をおかけし，申し訳ございませんでした。
今後とも何とぞよろしくお願い申し上げます。

〇〇出版株式会社 編集部

上のように主張するのです。もう一度教科書会社にメールを出そうということになりました。左の返事が来ました。**「８月だった」**とのこと。**「資料を吟味すること」**や**「自分の地域と比較すること」**の大切さを学ぶことができました。

（川原雅樹）

教科書の写真資料を読み取らせるポイント

§7「絶対盛り上がる！　写真を使った地名探し」

POINT!

～写真の場所あて授業の基本構造～

「写真＋地図帳＋小グループ活動」の３点セットで、主体的・対話的活動が実現します。

新学習指導要領との関連

①写真の場所をあてるという楽しい活動を通して「社会的事象の見方・考え方」が身につきます。

②地図帳を基に、子どもたちは、教師の想像以上に場所をあてていきます。それに至る過程で、自然に対話が成立します。討論にまでなることもあります。

③写真と地図帳を照らし合わせることで、「位置や空間的な広がり（空間認識）・時期や時間の経過（時間認識）」の見方・考え方が向上します。

全体構造 STEP3

①写真を提示し「分かったこと、気が付いたこと、思ったこと」を自由に言わせます。

②写真の場所を３～４人のグループで検討し、「〇〇県〇〇市」のように予想させます。

③場所とその根拠を発表させ、答え合わせをします。

④２ないし３問目からは、教室内に６枚前後の写真を掲示して、どれからでも自由に予想させます。

授業方法　※学年を問わず授業が可能です。

（1）写真を提示します。大きく提示できるもので、教材室等にある「社会科パネル写真」やポスター、インターネット上の写真などがよいでしょう。

（2）例えば、「富士川の富士山・新幹線」の写真を示して「分かったこと、気がついたこと、思ったこと」を書かせ、発表させます。

「富士山」「新幹線が通っている」「川がある」……。ここで写真の地名に関する発言が出ることもあります。授業としては自然な流れです。

（3）写真の場所を、グループごとに予想させます。第一候補（当たれば100点）、第二候補（当たれば50点）、第三候補（当たれば30点）と、３つまで予想させます。グループは、３～４名がよいでしょう。

ノートに予想を書かせます。子ども達は地図帳（等）を開き、考えます。

> **※県名だけでなく、「市町村名、島名」くらいまで予想させる。**
> **例　静岡県富士市、鹿児島県の桜島**

（4）予想を板書させ、発表させます。グループ内で意見が一致しない場合もあり得ます（ノートへの予想はバラバラでよいです）。

場所の根拠を発言させ、地図帳で確かめ合うと、社会科の授業らしくなる。

（5）正解を確認します。ここで、グーグルアースを活用すると、説得力が増します。あえて、正解を確認しないで、継続するのもいいでしょう。

（6）さらに、写真の「方角」「季節」「時間帯」を問うなどして、資料の見方を育んでいきます。

（7）子どもたちが慣れてきた２～３問目からは、教室のあちらこちらに写真を６枚程度掲示し「どれから予想してもいいですよ」と言うと、ダイナミックになります。あちらこちらで、対話的な活動が始まります。

※「日本全国版」がスタンダードです。４年生では「都道府県版」、３年生では「市区町村版」が可能です。

※この授業の原点は、向山洋一氏の実践です。この実践から、後の「写真の読み取り雪小モデル」へと向山氏の実践は進化していきました。どの学級で行っても大盛り上がりの授業で、授業参観にもよいでしょう。

（桜木泰自）

教科書の写真資料を読み取らせるポイント

§8 グーグルアースを使った新しい時代の写真地名探し

POINT!
方角も傾斜も自由自在！
デジタル地球儀「グーグルアース」で知的に場所あてをします。

新学習指導要領との関連

①４年生以上の社会科の学習では、**「地図帳や各種の具体的資料を通して必要な情報を調べまとめる技能」**が重要視されています。

②社会的事象を**「位置や空間的な広がり」「時期や時間の経過」「事象や人々の相互関係」**などに着目してとらえる力も鍛える必要があるとされています。

③写真の「場所あて」は、根拠となる資料を調べて見つけるところがポイントです。グーグルアースを使うことで、**より視覚的でわかりやすく**学習できます。

全体構造 STEP3

①教科書や資料集の写真で、まずは「場所あて」を体験させます。
②地図帳を使って、場所を探す方法を覚えます。
③読み取った情報を根拠にして予想する学習を定着させます。

授業方法

①予め、グーグルアースをパソコンにインストールしておきます。（無料）
②パソコンをインターネットに接続しておきます。
③答え合わせに使いたい場所を、グーグルアースで探しておきます。
（できれば、写真と同じ角度からの見え方になるように調整します）
④「場所あて」させた写真を子どもたちに見せます。（紙もしくは画面で）
⑤地図帳などの資料を使って、写真の場所を予想させます。
⑥なぜそう予想したのか、根拠を示して発表させます。
⑦意見が分かれた場合は、おかしいと思う意見から検討していきます。
⑧最終的に予想が確定してから、グーグルアースの画面を見せます。
⑨写真を画面の横に並べたり重ねて見せたりして、答え合わせをします。

学習方法
グーグルアースを使ってみよう!!
グーグルアースは、インターネット上から無料でダウンロードできます。http://earth.google.co.jp/
Google Earth
グーグルアースは、地球上のいろんな場所を見ることができるソフトです。見てみたい、行ってみたい場所にジャンプして画像を表示することができます。
やってみよう いろいろな場所調べ
① 探したい場所を入力して ボタンをクリックするとその場所へジャンプします。
② 「住所」「有名な観光スポット」「郵便番号」などを入力できます。
例) スポット→ 東京 新宿
住所→ 東京都千代田区永田町1-7-1
郵便番号→ 1120014
やってみよう グーグルアースの動かし方
① [N] ボタンをクリックすると、北が真上になるように回転します。まわりのリングを、車のハンドルをきるように回すとその方向に合わせて景色が回転します。
② 方向矢印をクリックすると景色が移動します。
③ 方向矢印をクリックすると、地球自体が傾きます。
④ ズームイン、またはズームアウトします。
やってみよう もっと詳しく調べよう
● 「ストリートビュー」で調べてみよう
ストリートビュー
チェックマークをつけると、ボタンが表示されます。クリックすると、まるでそこにいるかのような景色を見れます。ふだん行けない所を調べてみましょう。
レイヤ
Earth ギャラリー >>
写真
道路
建物の 3D 表示
ストリートビュー
天気
ギャラリー
グローバル アウェアネス
「レイヤ」という機能があります。チェックマークを入れると、グーグルアースの画面にいろんなボタンが表示されます。写真や動画など、おもしろいものがたくさんあります。試してみましょう。
● 「建物の3D表示」で調べてみよう
道路
建物の 3D 表示
チェックマークをつけると、平面だった画面に本物そっくりの建物が表示されます。「観光スポット」や「世界遺産」、大都市の「高層ビル群」など、近づいて調べてみましょう。
もっと使いたい 深めたい!
グーグルアースで調べよう
教科書や資料集で学んだことをグーグルアースでたしかめてみよう。新しい情報を調べることができるよ!
ボタンをおすと、調べた場所を保存できます。左側のマークを押すと移動します。
ボタンをおすと、画面に線を引くことができます。書いた線にそって移動できます。
ボタンをおすと、画面に資料を貼り付けられます。地図をはり、自由に調べられます。
調べた場所に印をつけていくとどの地域に多いのか、何が多いのかなど、ひと目でわかります。

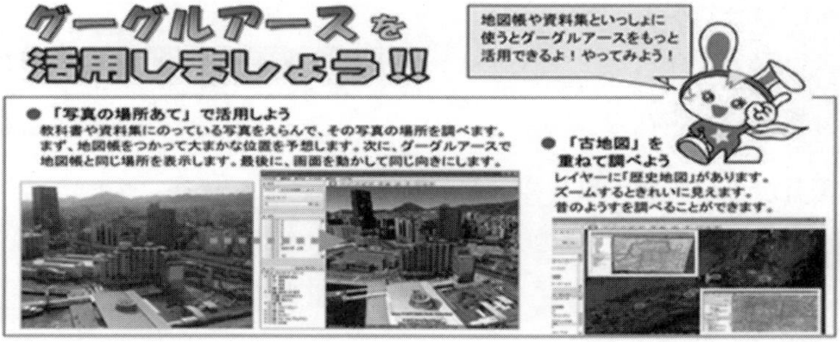

グーグルアースを活用しましょう!!
地図帳や資料集といっしょに使うとグーグルアースをもっと活用できるよ!やってみよう!
● 「写真の場所あて」で活用しよう
教科書や資料集にのっている写真をえらんで、その写真の場所を調べます。まず、地図帳をつかって大まかな位置を予想します。次に、グーグルアースで地図帳と同じ場所を表示します。最後に、画面を動かして同じ向きにします。
● 「古地図」を重ねて調べよう
レイヤーに「歴史地図」があります。ズームするときれいに見えます。昔のようすを調べることができます。

（許　鍾萬）

「グラフの読み取り」で社会的事象が見える

§1 読み取りの基本構造

POINT! グラフの読み取りの基本全体設計図「はじめ3、次に2、そして5つの変化」を学びます。

新学習指導要領との関連

①新学習指導要領では、社会的事象についての見方・考え方を深めるように言われています。

②特に、5・6年では、対象となる社会的事象の範囲が空間的にも時間的にも広がってきます。しかし、実際に見ることも、行くこともできないことが多いのです。

③「資料」を手がかりにして、社会的事象について考えることが必要です。

全体構造 STEP3

①最初の発問は、「3つのこと」を聞きます。

②次に、「2つのこと」を聞きます。

③次に、グラフの傾向「5つ」を聞きます。

この「3つ」「2つ」「5つ」は社会科を教える教師には、常識的なことです。

授業方法

グラフを提示して、まず次の発問をします。

①表題は何ですか（漁業にたずさわる人の数）

②年度はいつですか（不明）

③出典は何ですか（ポケット農林水産統計平成7年版　ポケット農林水産統計平成17年版）

向山型社会の資料読み取り3点セットです。

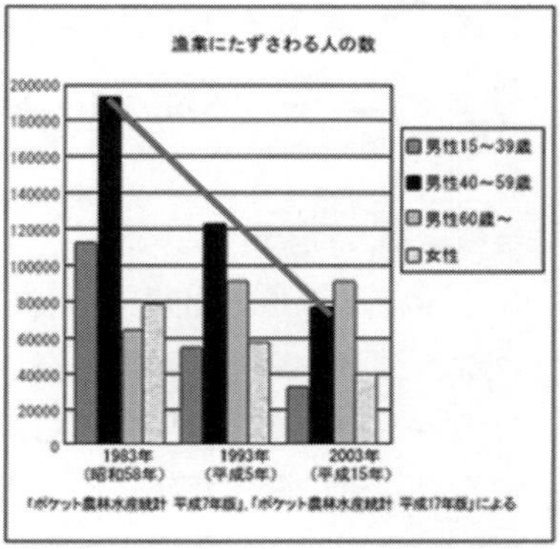

次に、２つのことを聞きます。

まずは縦軸を指で押さえさせます。

①縦軸は何ですか（人の数）
②横軸は何ですか（年度）

続いて０から目盛りを読ませます。

横軸も同様にします。棒グラフであること、それぞれの棒の色が何を表しているかも確認します。

その後、黒板に図示しながらグラフの「５つ」の傾向を教えます。

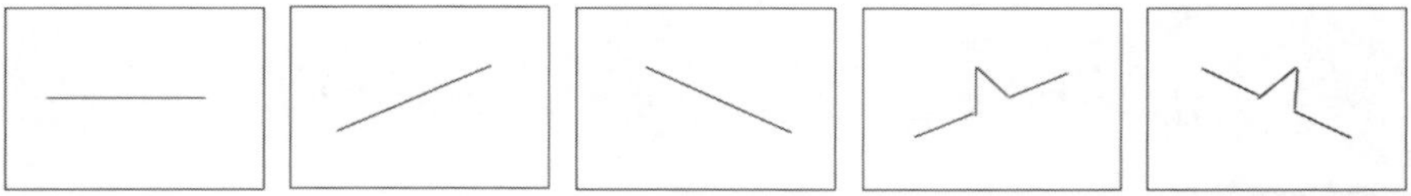

【変化なし】　【だんだん上がる】　【だんだん下がる】　【突然上がる】　【突然下がる】

棒グラフの頂上付近にさっと線を引かせて、次のようにたずねます。

このグラフの傾向は①～⑤のどれですか。

この場合③にあてはまります。ここまでが、グラフの読み取り授業の基本発問です。

以上のことができればグラフの読み取りの力が身についているといえます。

さらに、深めることもできます。

グラフを見て「わかったこと、気がついたこと、思ったこと」を箇条書きしなさい。

○「男性15～39歳」の漁業にたずさわる人の数の割合が、減っている。
○「男性40～59歳」の漁業にたずさわる人の数が半分以下に減っている。
○「男性60歳～」の漁業にたずさわる人の数の割合が、2倍よりも増えている。
○女性も、漁業にたずさわっている。
○今後、漁師の数はどうなっていくのだろう、などの意見が出てきます。

「今後、漁師がいなくなる」とも言われています。「漁業別漁獲量の移り変わり」などのグラフを提示し、それと関係づけて、さらに意見を書かせることもできます。

（勇　眞）

「グラフの読み取り」で社会的事象が見える

§2「5年 水産業：遠洋漁業が減った理由」

全体構造 STEP5

①3＝タイトル・出典・年度を確認します。
②2＝縦軸・横軸の単位と表していることを確認します。
③5＝5つの変化の形のうち、どれかを確認します。
④なぜ、その変化が起こったのか、教科書で調べます。
⑤教科書記述以外の原因がないか考えます。（調べ学習→結論）

POINT!
1つの社会的事象には、複数の原因があることを体感させます。
（複数の原因があることを統計学では「共分散構造」というそうです。）

授業方法 ※教科書の「漁業別生産量の推移」のグラフを提示します。

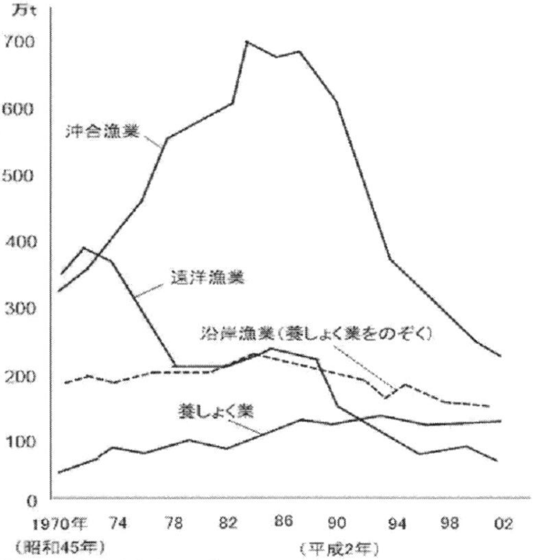

［ポケット農林水産統計2003年版ほか］
「漁業別の生産量の変化」

A　3つの確認

①タイトルは何ですか。

→「漁業別の生産量の変化」

指をささせ、確認します。基本的にグラフのタイトルは下に記載されています。

②出典は何ですか。

→「ポケット農林水産統計平成15年版ほか」

ここも指をささせ、どこに出典が書いてあるかを確認させます。最初に「グラフの基になる本や資料のことを出典と言います」と説明してから、「ほかとは、どういう意味ですか」と問いかけ、他の資料もグラフを作るときに参考にしていたことを確認します。ちなみに、教科書のグラフの多くは統計年鑑などの表をもとに編集者が作成しています。

③年度はいつですか（不明）。

この場合は書かれていないので「不明」と答えさせます。また、最初に「グラフがいつ作られたかが書かれているところを「年度」と言います」と説明をしておきましょう。

B 縦軸・横軸の単位と、表していること

④縦軸を指でなぞりなさい。単位を○で囲みなさい。
縦軸の単位は何ですか。→（万ｔ）
縦軸は何を表していますか。→（生産量）

最初は上のように指でなぞらせます。下から上になぞらせると、そのまま単位にいきつきます。「表していること」はタイトルを使って答えさせるようにしましょう。この場合は「生産量」となります。

⑤横軸をなぞりなさい。単位を囲みなさい。単位は何ですか。→（年）

多くの横軸は「年度」を表します。公的機関が調べたものが統計となるからです。

C 変化を表すグラフ：５つの形を示し、どれにあたるか考える

⑥変化を表すグラフは、大体次の５つの形に分かれます。

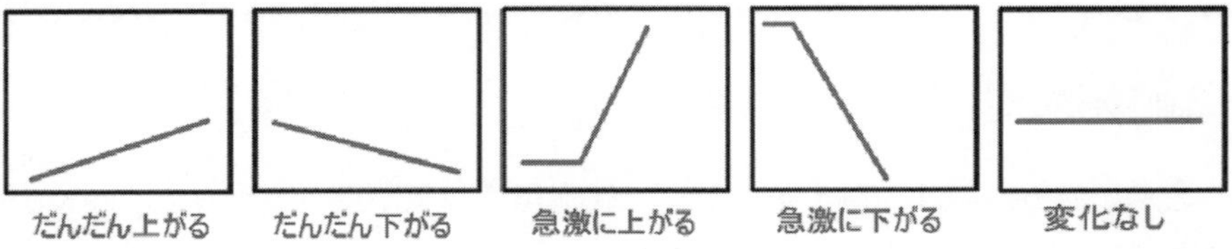

上の形を示しながら読ませます。ノートに書いていくといいでしょう。

⑦養殖業を指でなぞりなさい。どれですか（だんだん上がる）。
⑧沿岸漁業を指でなぞりなさい。どれですか（変化なし）。
⑨遠洋漁業を赤鉛筆でなぞりなさい。どれですか（急激に下がる）。
⑩急激に下がった部分を○で囲みなさい。何年から何年ですか。グラフの下まで線をひいて年を確かめなさい。

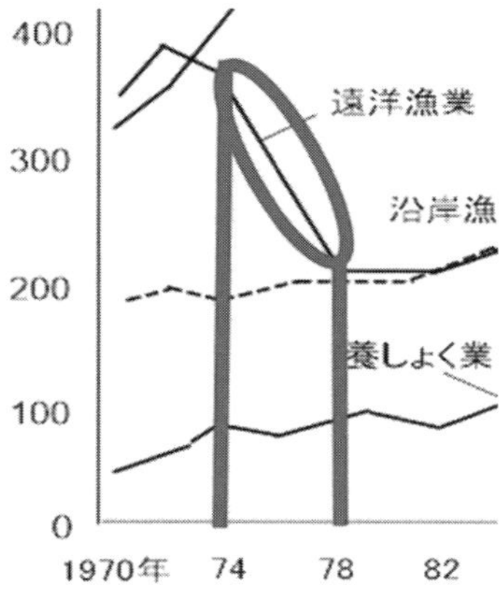

形を問う場合は、大きく変化を捉えさせます。

多少の上下は気にしないようにすると、左記のようになります。これは、この事例のような「折れ線グラフ」はもちろん、棒グラフの場合も先端を線で結ばせ、変化の形を見せるようにしてください。

また、急激な変化部分は年を確定すると、原因を考えさせるときや調べるときの参考にもなります。

D　変化の原因を教科書から見つける

⑪急激に減った理由を教科書から見つけて、線を引いて持っていらっしゃい。

教科書には次のように書かれているので、簡単に見つけることができます。

1977年頃から、多くの国が、沿岸から200海里の範囲の海で外国の船が捕る魚の種類や量を厳しく制限するようになりました。

⑫何かおかしいことはありませんか。

急激に減ったのは1974年からです。200海里は77年から……矛盾しています。そこで200海里の世界地図を提示します。

200海里を外れたインド洋と太平洋は世界有数のマグロの漁場です。

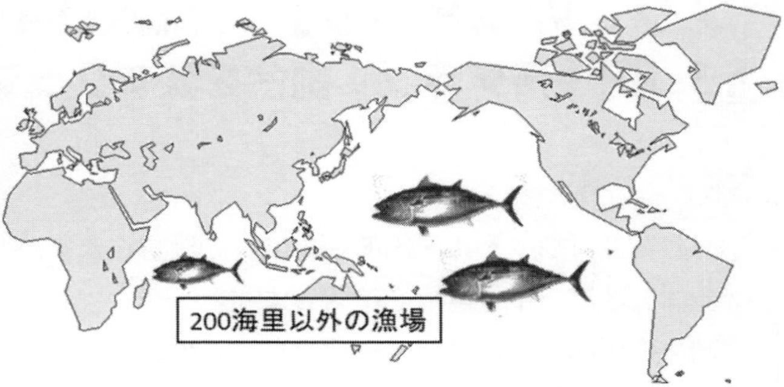

E 他の原因を予想し、検証する

⑬200海里だけが原因ではありませんね。他の原因を予想して、思いつくだけノートに箇条書きにしなさい。

1つ書いたら持ってこさせて発表させます。「働く人が少なくなった」「魚が減ってきた」「食べる量が減った」など、様々な意見が出てきます。

出た意見を全て認めると、様々な予想が出て盛り上がります。

出た意見は全て「なるほど」などと認めていきます。そもそも難しい課題ですが、様々予想していくこと自体も、社会科の楽しいところです。

最後は教師が調べ尽くす

ここで調べ学習にしてもいいが、子どもには難しいです。ですから、最後は子どもが調べきれない事例を教師が調べましょう。本授業の場合は、水産庁にメールをして質問してみました。すると「①1974年　底引き網漁の規制（環境に配慮）」「②1974年　マグロ延縄漁の規制（理由同）」「③漁業従事者の減少」「④1975年　水俣病による全国的な魚離れ」「⑤1973年　中東戦争によるオイルショック→遠洋漁業漁船の石油の減少」の5つを教えてくれました。このようにして、1つの社会事象には複数の原因が関係しているのです。

（川原雅樹）

「グラフの読み取り」で社会的事象が見える

§3「円・帯グラフ：割合を表すグラフ」の授業事例

全体構造 STEP5

①必要要件「タイトル・出典・年度」を確認します。
②全体の数量（単位含）を確認します。
③割合の指摘「一番多い・一番少ない」項目とパーセントを確認します。
（経年変化の場合：「一番増えた（減った）物は何ですか」）
④なぜ、その割合が多いのか、教科書で調べます。
⑤教科書記述以外の原因がないか考えます。（調べ学習→結論）

POINT!
①教科書の帯グラフの場合、多くは割合の経年変化を表します。
②教科書の円グラフの場合、全体量がないものも多いです。

授業方法 ※ここではわかりやすく単体の帯グラフのみ示します。

58. 6 万t	長野 35%	茨城 15	群馬 9	長崎 6	兵庫 5	その他 30

都道府県別　レタスの生産量の割合　（農林水産統計 2016年）

A　必要要件３つの確認

①タイトルは何ですか。→「都道府県別　レタスの生産量の割合」
②出典は何ですか。→「農林水産統計」
③年度はいつですか。→「2016年」

はじめの頃は指さしさせます。グラフの必要要件は基本的に下に記載されています。「出典：基になった資料は何ですか」「年度：何年の調査結果ですか」と最初の頃はわかりやすく聞き、慣れてきたら「出典・年度」と上記のように聞きましょう。「年度」が書かれていない場合は「不明」と答えさせます。

B　全体の数量（単位含む）

③58.6万 t を指さししなさい。何を表した数字ですか。
→「2016年に全国で生産されたレタスの量」
④（もしくは）2016年全国で生産されたレタスの量は全部でどれだけですか。 →「58.6万 t」

上記はどちらでもいいですが、思考を促すには③、わかりやすいのは④です。クラスの実態でいいでしょう。私の場合は③を使うことが多いです。

C　割合の指摘（一番多いor少ない）

⑤一番多い県はどこですか。 →「長野県」
⑥何％ですか。 →「35％」

経年変化の場合は「一番増えた（減った）のは……」と発問します。

D　原因の指摘　及び　E　他の原因の予想・検証

これは折れ線グラフの時と同じで、「長野県が一番多い理由を教科書から見つけてごらんなさい」とすると、大体の場合「気候と土地が合っている」となります。社会的事象は自然条件だけが原因ではありません。「交通」「宣伝」「技術の発達」「出荷時期」など、多くの原因が関係します。「気候・土地以外の原因を予想してごらんなさい」と調べ学習につなげるとよいです。

発展と深い学び

割合を示すグラフの場合、以前までのよくある３パターンは次です。

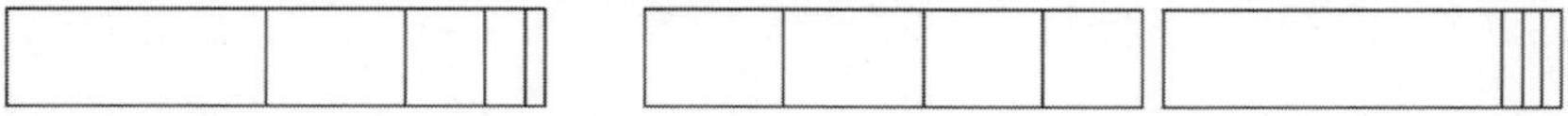

【半分：その半分：そのまた半分】　【おおよそ均等】　【一つのみ多い】

最近はインターネットなどで様相が変わっていて、わかりやすいのはランクサイズルール。２位は１位の半分、３位は１位の３分の１……となります。

（川原雅樹）

地図帳を使った授業「東北地方」の面白ネタ

全体構造 STEP5

①地図帳のあるページを開けさせます。
②そこにある地名を問題に出し、赤鉛筆で囲ませます。
③囲んだ子から立たせ、教師は順番をつけます。
④一番だった子が次の問題を出します。
⑤教師が特徴的な地名を出題し、地名の持つ意味に気づかせます。

POINT! 特徴のある地名とは「数字、動物、友だちの名」などです。

授業方法 ※地図帳の東北地方のページを開けさせます。

①先生が書く地名を赤鉛筆で囲んで立ちなさい。**第一問「青森市」。**

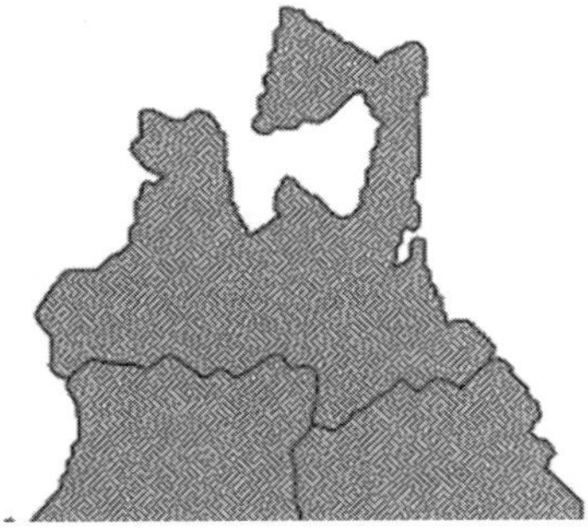

地名は問題番号と共に板書します。ワーキングメモリーが低いと探している間に地名を忘れてしまうので、立った子から順番をつけます。

10名ほど立ったら「席を離れて友達に教えてあげて」と指示します。

②**第２問「恐山」**（①と同様）、**第３問「横浜」**（①と同様）

本来なら一番だった子が問題を出しますが、この授業は教師が出題のお手本を出します。「少し変わった地名」「えっ、そんなのあるの？」といった地名です。

「えっ？　恐れ？」「東北地方なのに横浜があるの？」となります。

③第4問「一戸」（①と同様）、**第5問「二戸」**（①と同様）

子どもたちは自然と次に「三戸」を見つけます。少し変化を加えましょう。

④「〜戸」のつく地名を全部探しなさい。

子どもたちは必死に探します。３分程たったら「席を離れて、友達と探してよろしい」とすると、子どもたちはワイワイ言いながら協力して探します。

⑤ない「戸」はありませんか。

子どもたちは必死に「四戸」を探しますが、存在しません。「四戸は、昔はあったのですが、四が死をイメージさせ縁起が悪いので無くなったそうです」と伝えると、子どもたちは安心します。三戸から九戸まで地図で確認させます。

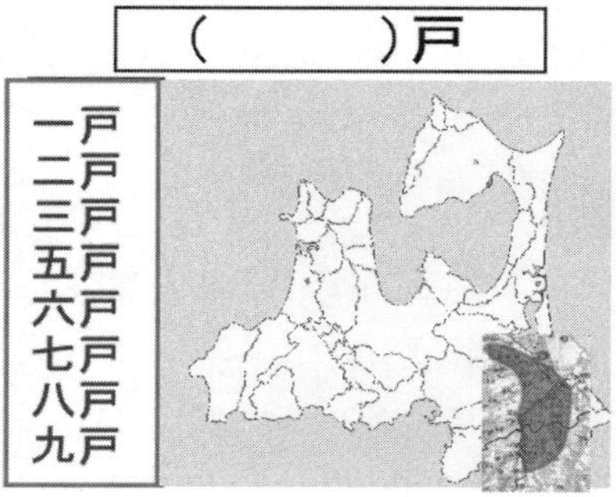

⑥一戸から九戸まで、ぐるっと線で結びなさい。
⑦その中を赤鉛筆で薄く塗ってごらんなさい。

※左のように、結構広い面積になります。友達同士で確認させます。

⑧昔、この赤いところで、ある動物を飼っていました。ヒントはその中の地名にあります。わかった人から地図帳を持って、ヒントとなる地名と動物名を先生のところに言いにいらっしゃい。

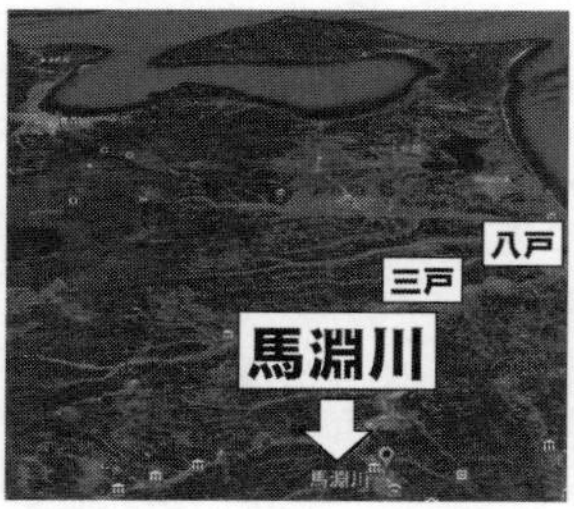

「馬淵川（まべちがわ）」→**「馬」**が正解です。この辺りは、昔から馬の産地で、「戸」は牧場や、その

出入り口を表す門だったという説があります。地名にはこのように意味があるのです。

（川原雅樹）

社会科授業１時間のパーツ全体図

①新学習指導要領では、初めて「障害に応じた指導上の工夫」が全教科で明示されました。
②社会科では「体験・作業の重視」「学習の順序・見通しを提示」することが書かれました。

POINT!
①１時間の授業を４～５つのパーツに分けることで、飽きることなく授業に熱中します。
②最初に作業を入れると、発達障害の子どもたちを含めた多くの子が熱中します。
③必ず基礎的な習得内容の時間を確保することで、子どもたちの学力や学習技能が上がります。

読み取りの指示とその意味

①フラッシュカード（１分：１回に５枚程度）
※3年「地図記号」「市章」「市花」など、4年「都道府県」「県章」「県花」「自分の県の市名」など、5年「都道府県」「六大陸と三海洋」「海流」など、6年「人物名」「時代名」「国民の三大義務」「日本国憲法3つの柱」など
②地図帳による地名探し（３～５年）or 人物調べ（６年）（５分程度）
③略地図書き（10分程度：市、県、都道府県、六大陸と三海洋など）

④教科書の内容（20～25分程度）
⑤資料集や作業長（５分程度）
→合格したら終了

それぞれの詳細は後述を参照してください。最後「合格したら終了」を入れると、前年度荒れていたクラスでも、学習に参加するようになります。

～各学年の授業パーツ～

３年生１時間の授業パーツ

①フラッシュカード（地図記号、市章、市花など）（１分）
②ミニテスト（地図記号や市章など）
③地図で地名探し（市の地図）
④略地図書き（市や県、日本）（②～④　各５分）
⑤副読本の内容（20～25分程度）
（見学やインタビューに持って行くようにします。）

４年生１時間の授業パーツ

①フラッシュカード（県内各地名→都道府県）（１分）
②地図帳地名探し（５分）
③略地図書き
（１）お手本を写す（５分）（２）練習時間（３分）
（３）ミニテスト（５分）　（４）更に練習（５分）
④教科書の内容（20分程度）
⑤ノートチェック（合格したら終了）

５年生１時間の授業パーツ

①フラッシュカード（都道府県、六大陸と三海洋、海流など）（１分）
②地図帳で地名探し（外国も）（５分）
③略地図書き（10分）
（１）都道府県（２）日本全図（北方領土含む）（３）世界地図
④教科書の内容（25分程度）⑤資料集（チェックして終了）（５分）

６年生１時間の授業パーツ

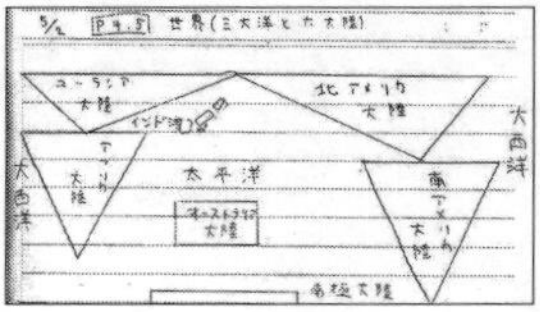

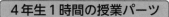

①フラッシュカード（人物名、時代名、公民用語）（１分）
②人物調べ（５分……初めの頃は10分）
③教科書の内容（30分程度）
（１）イラストの読み取り　（２）向山洋一氏の歴史学習追試
④資料集（作業帳）（５分）

（川原雅樹）

授業開始は１分間：フラッシュカードで基礎基本が定着

A　フラッシュカードの授業の基本構造

変化のあるくりかえし、フラッシュカードで都道府県名を覚える。

新指導要領との関連

①小学校修了までに、確実に身につけさせる事項は、２つあります。１つが「47都道府県の名称と位置」で、もう１つが「六大陸と三海洋」です。

②社会科授業の導入で、フラッシュカードを活用するのは大変効果的です。視覚刺激に訴えて、都道府県名を覚えるのに有効です。

③カードを読んだり、ゲーム的に競い合ったりすることで、ドーパミンが出て、習慣化します。

全体構造 STEP3

①チャイムと同時にフラッシュカードを取り出し、子どもの前に立ちます。

②「２回ずつ読む→１回読む→子どもだけで読む」の流れで行います。

③授業開始1分間のフラッシュカードを、毎時間行います。

授業方法

①地方ごとのフラッシュカードを準備します。

← 購入先はこちら

← 映像はこちら

②フラッシュカードは、次のように使用します。（関東地方を例に説明します）

指示　関東地方（子ども：関東地方）　関東地方（子ども：関東地方）

→２回繰り返します。（　　）内は、子どもが言います。

指示　茨城県（茨城県）茨城県（茨城県）。栃木県（栃木県）栃木県（栃木県）。群馬県（群馬県）群馬県（群馬県）。埼玉県（埼玉県）埼玉県（埼玉県）。千葉県（千葉県）千葉県（千葉県）。……

→以下同様にします。

指示　関東地方（子ども：関東地方）

→次は、1回ずつ言います。

指示　茨城県（茨城県）。栃木県（栃木県）。群馬県（群馬県）。埼玉県（埼玉県）。千葉県（千葉県）。……

→以下同様にします。

最後は、教師は言いません。子どもだけで読ませます。

指示　自分たちだけで。（関東地方）。
（茨城県）。（栃木県）。（群馬県）。（埼玉県）。（千葉県）。……

→以下同様にします。終わった後は、「上手」「すごい」「よく言えました」などとほめます。

B　フラッシュカード操作の基本

※イラストがよく見えること、安定させることが大事です

持ち方：①カードを利き手の反対の手で持ちます。②親指以外の指の上に置き、親指で後ろから支えるように持ちます。

めくり方：①利き手で手前のカードを持ち上げ、後ろから前へカードをめくります。（紙芝居と逆）②テンポよくめくります。③「２回ずつ読む→１回読む→子どもだけで読む（教師はめくるだけ）」の流れで行います。

めくる位置：①利き手側の顔の横でめくるのが基本です。（英語の場合など）②カードが顔にかからないような位置にします。特に前の両端の子に、先生の顔の全体が見えているかを確認します。③立ち位置はどの子からもカードがよく見える位置にします。

応用編：①テスト（一人で言わせる場面、緊張場面を作る）、②列ごとで対決、③暗唱も可能です。

（勇　眞）

地図記号で
ミニクイズ＆地図記号をつくろう

地図記号の原理を使い、自分で地図記号をつくらせ、クイズにすることにより、主体的・対話的で深い学びを実現します。

全体構造 STEP3

①フラッシュカードで地図記号を覚えます。（流れは省略）
②地図記号の成り立ちを考えます。
③地図記号の原理を使い、新しい地図記号をつくります。

授業方法

①地図記号のフラッシュカードを行う（神社、学校、郵便局、消防、空港）。

②神社の地図記号は何の形からできましたか。（鳥居の形）
（同じように「学校」「郵便局」「消防署」「空港」を聞きノートに書かせる）
学校は文、郵便局はカタカナのテ、消防はさすまた、空港は飛行機の形からできている。文字と形から地図記号はつくられている。

③文・・・何学校の地図記号ですか。（小中学校）
④高校の地図記号を書いて持っていらっしゃい。
（黒板に書かせる）

高校の地図記号は右。空港と国際空港、交番と警察署、役場と市役所などの区別は、〇で囲むと大きな方の施設となる。

⑤大学の地図記号を書いて持っていらっしゃい。

（大）
文

多くの子どもたちは二重丸で囲んできますが**不正解**。「二重丸ではありません」と言うと、子どもたちは□で囲んだり、大学の帽子をかぶせたり、ユニークな地図記号を考えてきます。上記のように**上に（大）**と書くのが正解です。**短期大学の場合は上に（短）、高等専門学校の場合は上に（専）**と書きます。**地図記号は、物の形、文字、更に○等の記号、文字を付け加えてできる場合もあるのですね。**

主体的・対話的で深い学び①

⑥消防署の地図記号は「さすまた」からできました。「さすまた」で昔はどうやって火を消したのですか。ノートに図や文で説明して持っていらっしゃい。

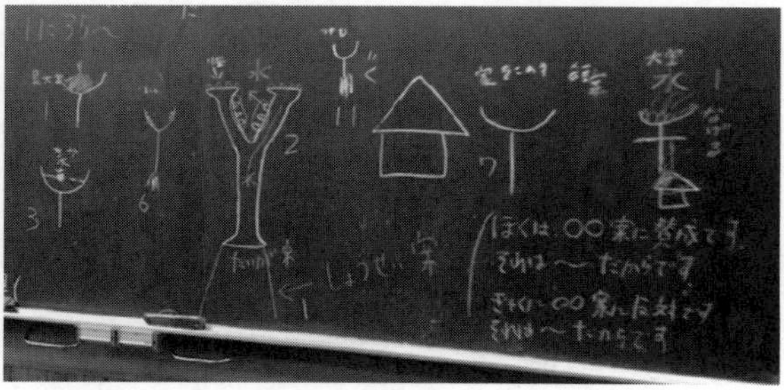

水が出る、家を倒してしまう、水を入れた風船を飛ばすなど、子どもならではの意見が出るでしょう。これは調べさせるとよいでしょう。

主体的・対話的で深い学び②

勉強した決まりを使い、新しい地図記号を作ってみましょう。

画用紙をＢ６サイズ程度に切り、表に地図記号、裏に答えを書かせ、できたらクイズ形式にします。右は子どもがつくった「歯医者」の地図記号です。

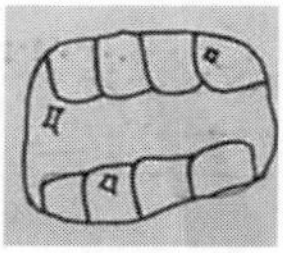

（川原雅樹）

地図帳を使った地名探しの授業

POINT! 子どもからアンコールが起こる、楽しく知的な「向山型地名探し」の授業です。

新学習指導要領との関連

①新学習指導要領では、3年生から地図帳を活用するようになります。

②よくある索引を使った地名探しだけでは、子どもが自分から地図帳を開くような楽しく知的は授業にはなりません。

③「フラッシュカード」とセットにすることで、より楽しく、自然に47都道府県の名称と位置を覚えることができます。

全体構造 STEP3

①地図帳で地域を限定します。○○地方を開きます。

②ある地名を教師が出題し、赤鉛筆で○囲みさせ、立たせます。

③一番に見つけた子が「そんなのあるの？」という地名を次に出題します（以上を繰り返します）。

授業方法

※授業最初、地図帳を用意します。

①地図帳○ページを開けなさい（地域を限定させます）。

②一宮（板書）。探して赤鉛筆で囲みなさい。囲めたら起立します。

意外な地名を出します。起立した順番に、１番、２番と番号をつけていきます。1番の人を確定するのと、ゲーム性を持たせるためです。５番位までになったら、次のようにヒントを発表させたり、友達に教えたりさせます。

③ヒントが言える人？（挙手指名：○○の上と言ったら「北」など　の方角を教えたり、索引番号を使ったら褒めるなどします）

④（10人位立ったら）「立っている人、座っている人に教えてあげなさい。席を離れてかまいません」と指示します。

見つけられずに次の問題にいくと嫌がりパニックになる子には、教師がそっと教えてあげます。自分で見つけないと気が済まない子には、そのまま探させておき、次の問題にいきます。そのために問題を板書しておきます。

⑤○○君（一番の子）出てきて、問題を出して。（第2問。三浦）

同じように板書させます。慣れてくると、子どもたちは面白い地名を次々と出題してきます。休み時間なども地図帳を眺める子が出てきます。

この繰り返しだけでも、教室はかなり盛り上がります。ここまでが基本です。授業開始から5分程度です。これを毎時間行います。

発展

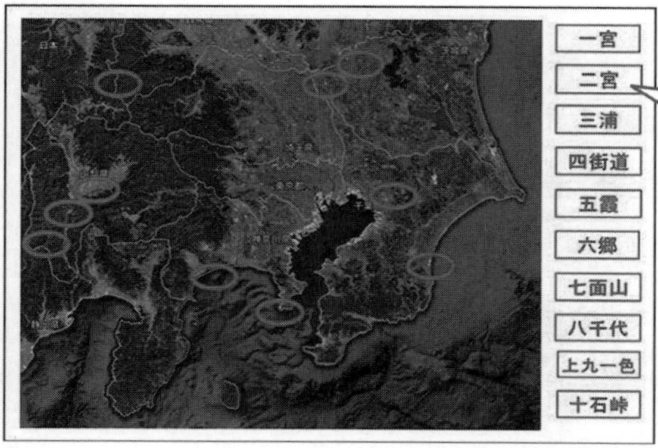

地図帳だけでなく、左のようなコンテンツを提示すると、よりわかりやすいよ。

動物の名前や友達の名前のつく地名、百人一首に出てくる地名、数字のつく地名などを探させると盛り上がります。例えば、数字がつく地名だと、限定した地域の中で**一番大きい数字を探させ、更に全国で最も大きな数字のつく地名**を探させます。**「このページで数字のつく地名を探してごらん」**（一宮、二宮、三浦、四街道、五霞、六郷、七面山、八千代、上九一色、十石峠）→**「全国で一番大きな数字がつく地名を探してごらん」**（四万十川）

※動物の名前のつく地名（牛ノ首岬、白馬村、蟹田、大鰐、猿沢、犬飼etc）

※友達の名前のつく地名（吉井、大西、神田、飯田、青山、高田馬場etc）

（勇　眞）

略地図でマスター「47 都道府県」「六大陸と三海洋」

§1 略地図の授業の基本構造

POINT!
「フラッシュカード＋略地図＋ミニテスト」の３点セットで、楽しく完璧に覚えられます

①小学校修了までに、確実に身につけさせる事項の２つのうち１つが「47都道府県の名称と位置」です。
②よくある地図で、横に解答欄のあるテスト方式では、順番に名称を覚えるだけで位置までは覚えられませんし、途中で挫折します。
③「フラッシュカード」「略地図」「ミニテスト」の3点セットで、楽しく確実に、そして自然に47都道府県の名称と位置が覚えられます。

全体構造 STEP3

①フラッシュカードで、まずは名称を覚えます。
②略地図書きで、自然に位置を覚えます。
③定期的なミニテストで、知識を定着させます。

授業方法

①地方毎のフラッシュカードを準備します。
②先生の後について２回→先生の後について１回、子どもたちだけで１回、計３セットで行います。

左の QR コードで
購入先、
右の QR コードで
実際の映像が
見られるよ

③略地図を書きます。先生の書いている通りに図を書きなさい。
（例：近畿地方）

はじめに大きい□、次に小さい□、１本ずつ線で区切っていきます。

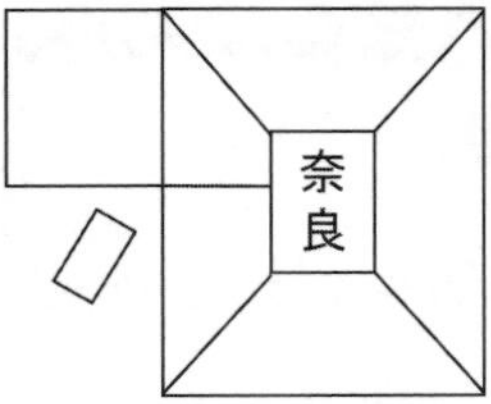

④真ん中を「奈良県」とします。残りの府県を地図帳を見ながら、埋めていきなさい。

全部出来たら持ってくる→１つずつ板書させます。

書いた子に発表させ、○つけをしていきます。漢字で書いたら＋５点、方位記号、タイトル（近畿地方）も書いていたら各５点ずつ増やしていくと、地図の基礎事項も身についていきます。（新学習指導要領では５年生までに全て漢字で書くことになっています）。

⑤３分後にミニテストをします。何も見ずに書けるように、何度も書いて覚えてごらんなさい。

３分後にテスト。おおよその時間に教師が板書して、子どもは各自○つけをします。

資料１　従来よくあるテストとの違いとは？

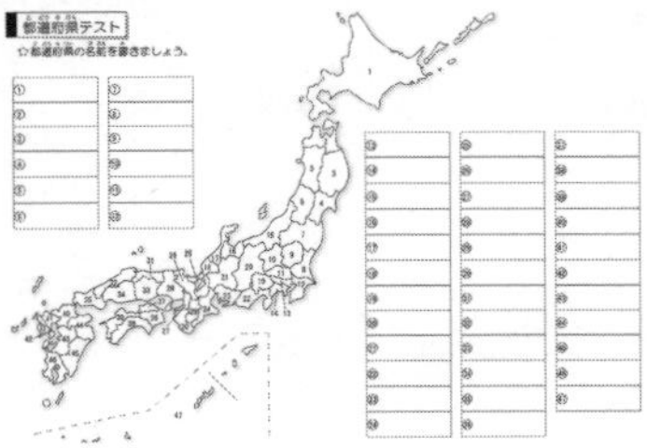

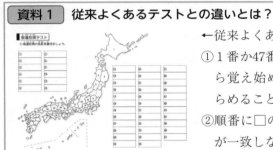

←従来よくあるのがこのテストです。

①１番か47番、もしくは自分の地域などから覚え始め、大体途中で覚えるのをあきらめることが多くなります。

②順番に□の中を覚えるので、名称と場所が一致しないことも多いのです。

深い学びへ：未来への創造

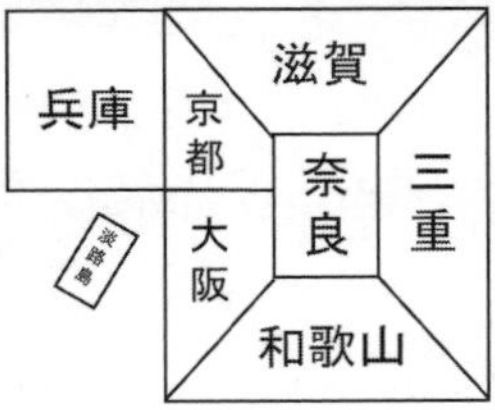

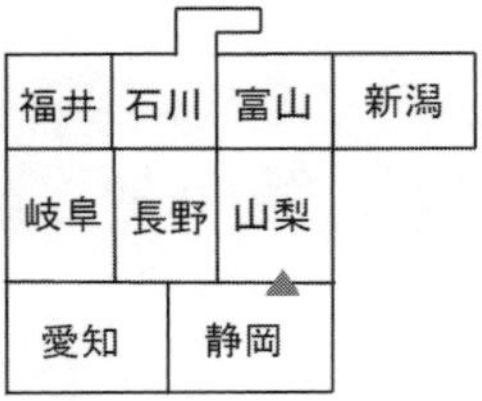

①つけ足そう

←左は近畿地方。筆者は兵庫県の教師なので「淡路島」をつけ足しています。下は東海北陸地方で、山梨と静岡の間の▲は富士山です。

このように、その土地の名物を加えると、４年生での県の学習にも使えます。

②合体させよう

全ての地方を終えると子ども達は「合体させよう」と言い始めます。全てを合体する方法はP64～P65を参照してください。

（川原雅樹）

略地図でマスター「47都道府県」「六大陸と三海洋」

§2 47都道府県略地図マスター　中国

始めは必ず中国地方を扱います。図がシンプルで次につなげやすいからです。

全体構造 STEP3

①フラッシュカードで県名を覚えます。
②略地図を書いて、それぞれ県名を入れます。
③見ないで書けるように練習時間を確保し、ミニテストをやります。

授業方法

①ノートに「中国地方」というタイトルを書きなさい。
②始めに□を書きます。次に線を入れて、更に□を分けていきます。

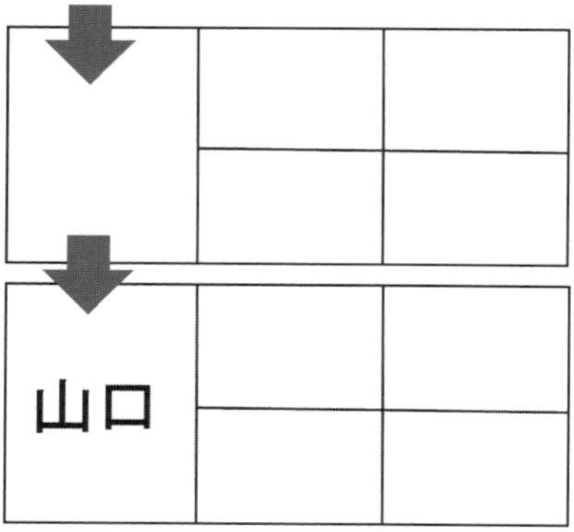

左のような図を描かせます。

③一番端を山口県とします。

左のように「山口」と書かせます。

④残りを書いて持っていらっしゃい。

地図帳を見ながらでいいので、書かせます。持ってきた子から黒板に県名を入れさせ、発表させる。

⑤ ○付けをします（県名が合っていたら○を付けさせます。全100点）。

⑥漢字で書いた人？　　　・・・　＋10点です。
⑦方位記号を書いた人？　・・・　＋10点です。（最高120点）

山口	島根	鳥取
	広島	岡山

左のようになります。

⑧5分後、何も見ずに書けるようにテストします。練習しましょう。

POINT!
授業では、学習してすぐに覚える時間を取ることがポイントです。覚える時間を毎時間確保するから、名称と位置を覚えられます。

⑨（5分後）テストします。始めなさい。

テスト前に先ほどの板書は消しておきます。上のように言って、黙って新たに形だけ描きます。子どもたちは熱中します。少し間を開け、教師は１つずつ答えを書いていきます。

POINT!
答えを書いてあげるから、覚えられていない子も必死に写し、最終的に覚えてしまう。やる気をなくしてしまうのが一番いけません。

⑩○付けをします。タイトルを書いていたら＋10点、漢字で書いていたら＋10点、方位記号を書いていたら更に＋10点。最高130点です。

タイトルと方位記号は地図資料の必要事項です。このように続けていると、普段地図を描くときにも忘れなくなっていきます。更に新学習指導要領では５年生で都道府県名は全て書けるようになっていなければなりません（４年生国語で都道府県に使われる漢字は全て学習する）。続けていれば自然に書けるようになっていきます。

（川原雅樹）

略地図でマスター「47 都道府県」「六大陸と三海洋」

§3　47 都道府県略地図マスター　東北

中国地方の次は必ず東北地方を扱います。中国地方を縦にして１つ付け加えれば東北地方になるからです。

全体構造 STEP3

①フラッシュカードで県名を覚えます。

②略地図を描いて、それぞれ県名を入れます。

③見ずに書けるように練習時間を確保し、ミニテストをやります。

授業方法

①ノートに「東北地方」とタイトルを書きなさい。

②中国地方を縦に描きます。１つ□を付け加えます。

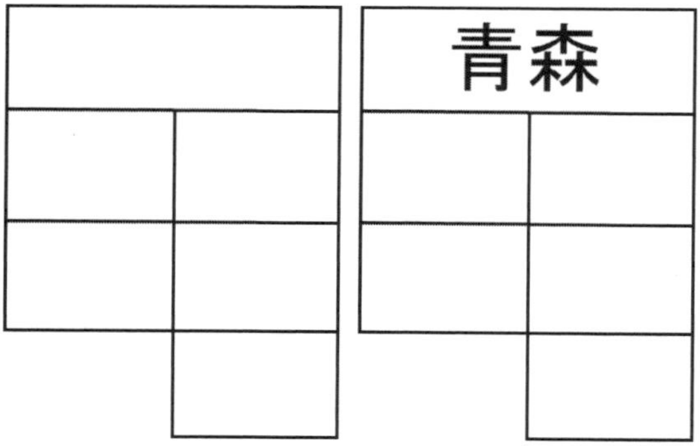

まず一番目に左のような図を描かせます。

③一番北を青森とします。

二番目のようになります。

④残りを書いて持ってきます。

地図帳を見ながらでいいので、県名を書かせます。持ってきた子から黒板に県名を入れさせて発表させます。

⑤○付けをします。（県名が合っていたら○を付けさせます。全100点）
⑥漢字で書いた人？　　　・・・　＋10点です。
⑦方位記号を書いた人？　・・・　＋10点です。（最高120点）

青森	
秋田	岩手
山形	宮城
	福島

左のようになります。

⑧５分後何も見ずに書けるようにテストします。練習しましょう。

慣れてきたら、中国・東北地方両方を練習させます。

POINT!
授業時間、学習してすぐに覚える時間を取ることがポイントです。慣れてきたら、中国・東北の両方をさせても簡単です。

⑨（５分後）テストします。始めなさい。

テスト前に先ほどの板書は消しておき、上のように言って、黙って新たに形だけ書きます。子どもたちは熱中します。少し間を開け、教師は１つずつ答えを書いていきます。

POINT!
答えを書いてあげるから覚えられていない子も必死に写し、最終的には覚えてしまいます。やる気をなくさせるのが一番いけません。

⑩○つけをします。タイトルを書いていたら＋10点、漢字で書いていたら＋10点、方位記号を書いていたら更に＋10点。最高130点です。

中国地方と同様に、タイトルと方位記号、更に漢字で書かせます。続けることがポイントです。中国地方と東北地方は形もシンプルで覚えやすく、本州の南端、北端なのもいいです。更に福島を加えながら、東日本大震災に触れるのもいいでしょう。

（川原雅樹）

略地図でマスター「47都道府県」「六大陸と三海洋」

§4　47都道府県略地図マスター　四国 ほか

３番目に扱うのは四国地方です。最初の２つで意味がわかり、次は自分で形も考えることができます。残りも同様です。

全体構造 STEP3

①フラッシュカードで県名を覚えます。
②略地図を書いて、それぞれ県名を入れます。
③見ずに書けるように練習時間を確保し、ミニテストをやります。

授業方法

①ノートに「四国地方」とタイトルを書きなさい。
②四国地方の略地図は自分で作ってごらんなさい。できたら持ってきます。

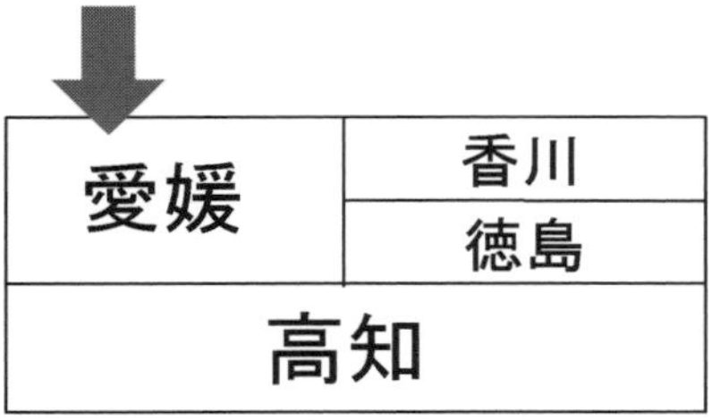

黒板に書かせていきます。

多くの場合、左のように4等分したものになります。

これでもOKですが、もう少し位置関係を考えたものも出てきます。

多数決にしたり、教師が決めてもいいでしょう。

筆者の場合は、左のようにしています。

高知を一番南にして面積を広くし、香川、徳島を続きにします。位置が何となくわかればOKです。

POINT!　**自分で考えるところが楽しいのです。この体験により、子どもは自分で様々な略地図を書くようにもなってきます。**

③５分後何も見ずに書けるようにテストします。練習しましょう。

④（５分後）テストします。始めなさい。

採点基準、ポイントは他地方と一緒です。

残りの地方も同じように行う

残りの地方も同じように行います。子どもが考えても教師が考えてもよいです。ここまでは中国→東北→四国の順ですが、残りは自由でよいでしょう。筆者の場合は次が自分の県、そして簡単な順で、次の様にしています。

近畿→九州→関東→中部（一番ややこしそうなので最後にしています）

次が筆者の場合の略地図ですが、ご自身で考えるのもよいでしょう。よければ参考にしてください。

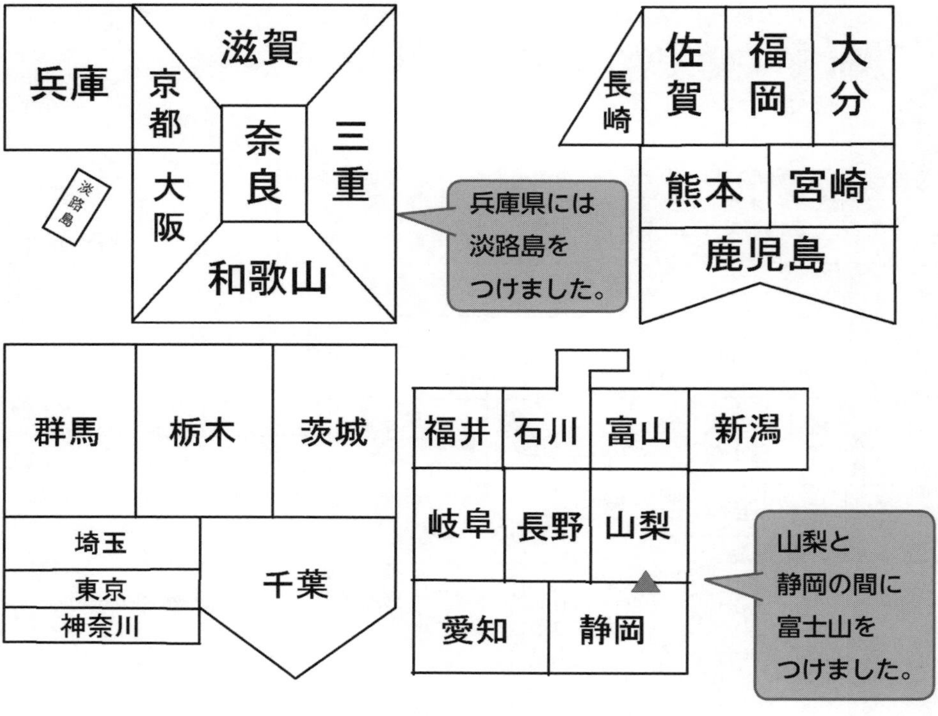

（川原雅樹）

略地図でマスター「47 都道府県」「六大陸と三海洋」

§5 47 都道府県略地図マスター　そして合体させてみよう

全部の地方の略地図ができたら、子どもは自然に合体して日本にしてしまいます。だからこそ、合体できるように略地図は作ってあるのです。

全体構造 STEP3

①子どもが自然に合体させて日本にしようとする機会を逃しません。

②まずは自分で完成させて、難しいところを全体で確認しましょう。

③完成したら、白地図等でテストをしましょう。

授業方法

（全地方の略地図作成後、子どもが合体させようとするタイミングで）

①全部の略地図を合体させて日本列島を完成させましょう

テトリスみたいに「カチッ」とはまるようにこの略地図は作ってあります。教師は、外枠だけ下のように書いてあげると、結構簡単に合体することができます。

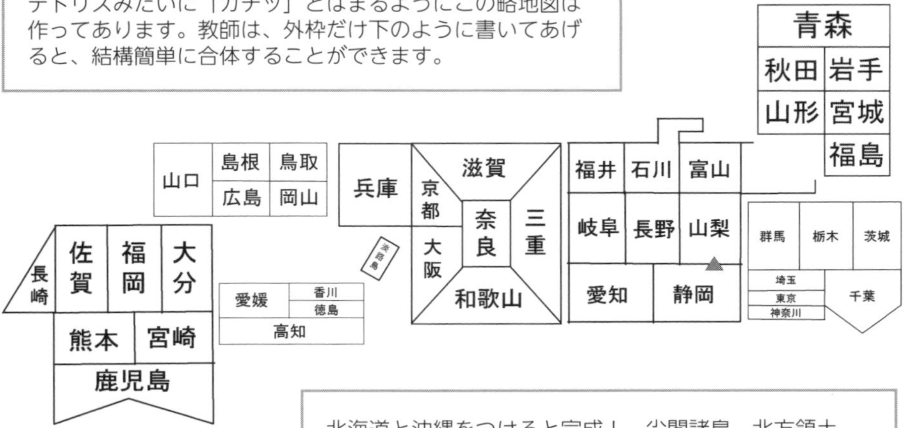

北海道と沖縄をつけると完成！　尖閣諸島、北方領土、竹島もここにつけます。

子どもたちには中の都道府県も書かせます。熱中して合体させようとします。友達と相談しながらでもＯＫです。

②完成したら持っていらっしゃい。

できあがった子は大喜びです。大いに大いに褒めましょう。
実際の子どもの作品は以下です。完成した子には友達を手伝わせましょう。

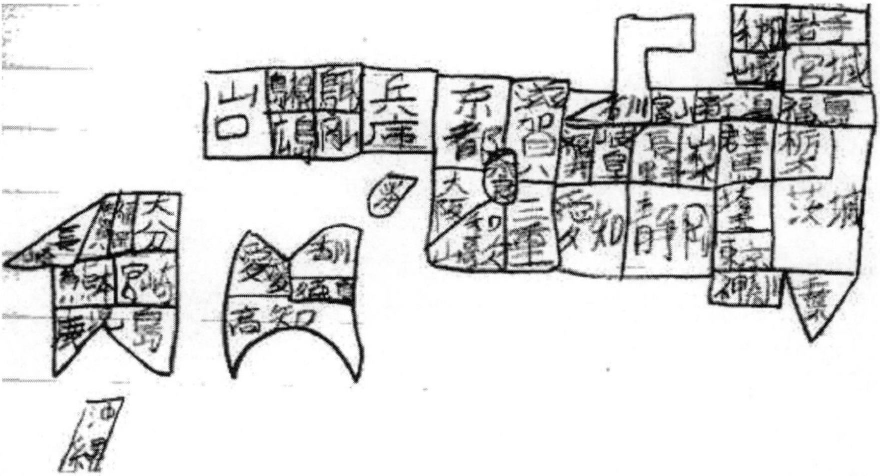

＜覚える方法あれこれ＞

①テスト→Ｐ57にも書きましたが、地図と答えを書く欄が離れていると、順番に名称を覚えるだけで位置まで覚えません。白地図のテストは、その位置に都道府県を書く方がよいでしょう。

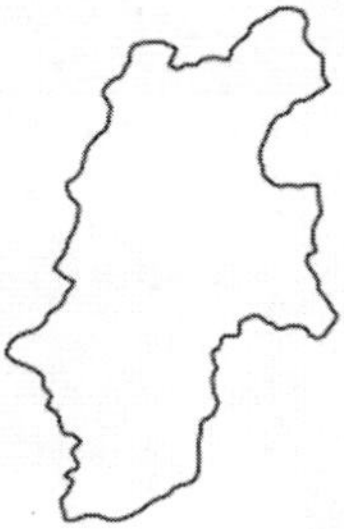

②アメーバー日本列島ゲーム→小松眞氏が考案したゲームです。２人に１枚Ｂ４の大きさに長野県だけを書かせ、ジャンケンをして隣接する県を書きます。１つ書いたら正の字を書いていきます。これを繰り返し、最終的にたくさん都道府県を書いた方の勝ちとなります。「海なし県２点」「ピーマン生産日本一３点」などボーナス点をつけると、更に盛り上がります。

（川原雅樹）

略地図でマスター「47都道府県」「六大陸と三海洋」

§6「六大陸と三海洋」の略地図のつくらせ方

できるだけ簡単にして略地図を書かせます。大西洋の名称を２つ書かせると、位置関係も理解できます。

全体構造 STEP3

①大陸のフォーマットを示します。
②地図帳を見ながら、自分で大陸名と海洋名を書かせます。
③覚える時間を確保して、ミニテストをします。

授業方法

①タイトル「六大陸と三海洋」と書きなさい。
②世界地図を書きます。写しなさい。

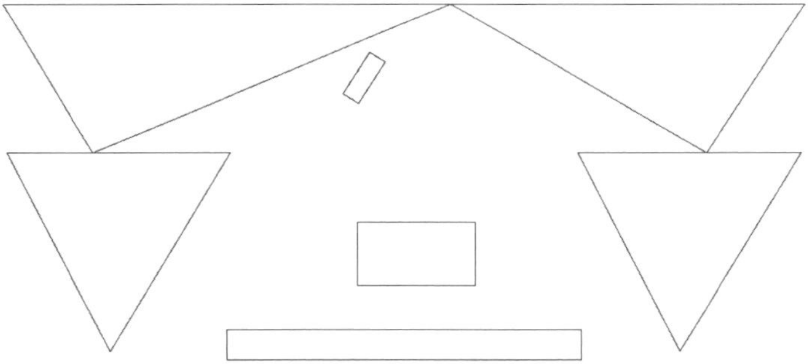

まずは形だけ描かせます。始めにユーラシア大陸と北アメリカ大陸の一番上の線を左から一気に引きます。

そのまま北アメリカ大陸ととユーラシア大陸を一気に描き、日本、アフリカ、南アフリカ、オーストラリアを描きます。

③あと１個あるんだけどなあ……。

と言うと「南極」と気づく子がいるので南極大陸を描かせましょう。

④ユーラシア大陸を左上の▽とします。残りを書いて持ってきなさい。

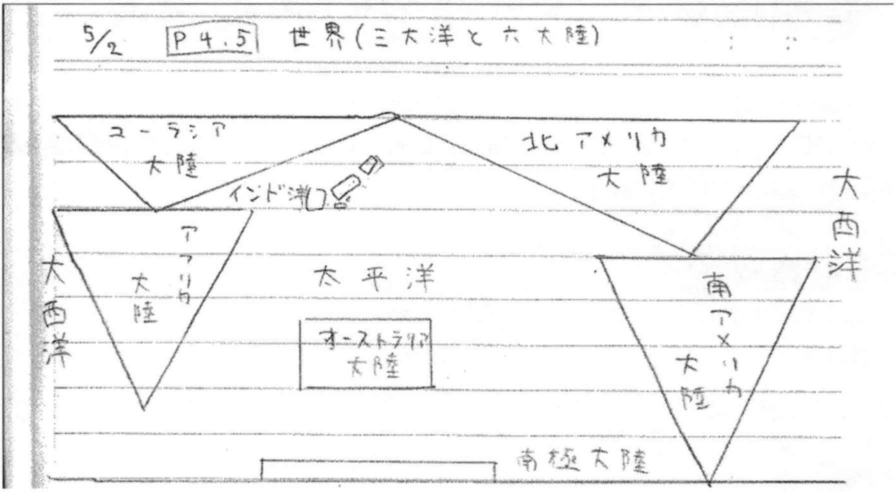

子どもが描いた地図が上の図である。ポイントは次です。

大西洋を両端に２カ所書かせること

子どもの感覚では地図は平面です。大西洋を２カ所書かせ「ここが、くっついているんだよね」と言うと、北アメリカとヨーロッパ、アフリカが隣であること、地球が丸いことに改めて気づきます。後は、これまでの略地図と同じです。覚えさせ、ミニテストを行いましょう。

深い学びへ：未来への創造

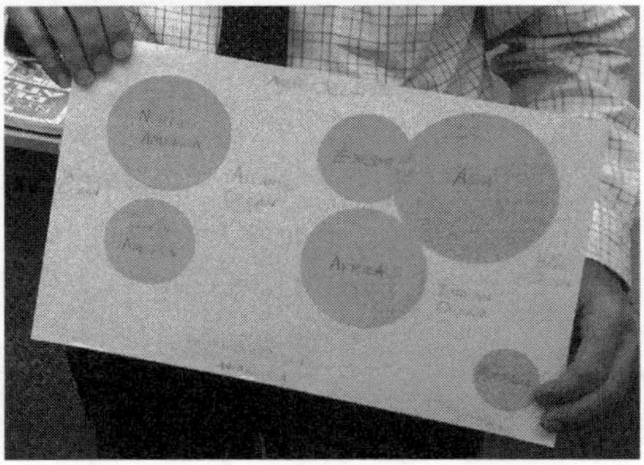

左はボストンのLD専門学校で作っていた世界地図の略地図。のりで貼って、大陸名と海洋名を書き込んであります。この後、子どもたちは自然に紙をくるっと丸めて地球にしていました。これも体験を通すからこそ自然にできるのでしょう。お薦めです。

（川原雅樹）

「６年　人物調べ」授業開始５分で歴史好きな子へ

６年生の毎時間、授業開始５分で人物調べをノートに行います。1Ｐ１人物で持ってこさせ、合格したら次の人物をまとめさせます。１年間で学習指導要領例示の42人分が終了します。

全体構造 STEP3

①１Ｐ１人物でノートに歴史人物をまとめさせます。
②１Ｐできたら持ってこさせ、合格したら次の人物をまとめさせます。
③42人終わったら、自分の好きな人物を選んでまとめさせます。

授業方法

（歴史の授業開始の最初の時間に行いましょう）

①ノートの表紙裏のページを開けなさい。
②今日から社会の時間の最初の５分は「歴史人物」をします。
③ノート１Ｐに１人の歴史人物をまとめます。
④必ず書くのは「歴史人物の名前」「時代名」「似顔絵（資料集等のシールでもＯＫ）」「その人物のやったこと」「その人物について調べた感想、思ったこと」です。色鉛筆で色を塗ってもＯＫです。ノートに「歴史人物調べ」と書いて、必ず上記のことを書いておきなさい。
⑤１人分できたら持ってきます。資料集教科書等を参考にしましょう。

最初だけ10～15分ほど時間を取ります。ほとんどの資料集に学習指導要領例示の42人が載っているので、それを参考にさせます。イメージしにくい場合は、次頁のようなノート例を示してもよいでしょう。

持ってきたノートの合格・不合格の基準は、**びっしり書いているかどうかです。**

慣れてくると、びっしり次々と書いてくるようになります。絵にこだわる子、様々な本を持ち込む子なども出てきます。

42人分終わったら、好きな歴史人物をまとめなさい。

例えば「武田信玄」などの戦国武将、ナイチンゲールなどの外国の歴史人物を調べる子も出てきます。次々に褒めれば、子どもたちは様々な歴史人物を書くようになります。

1年間終わる頃には、全員がほぼ42人分の例示を終了し、違う人物を書くようになっています。

実際のノート例

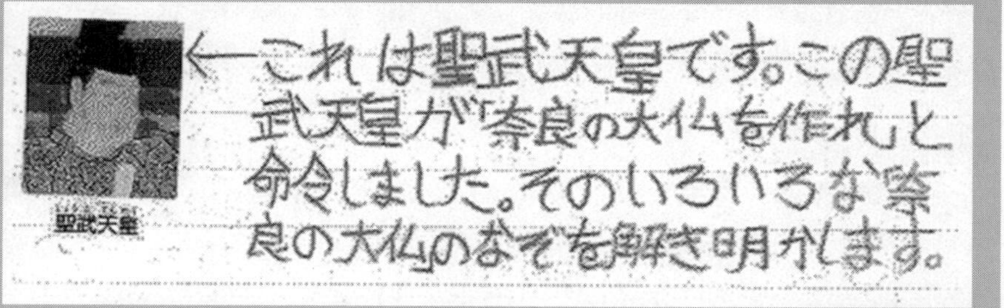

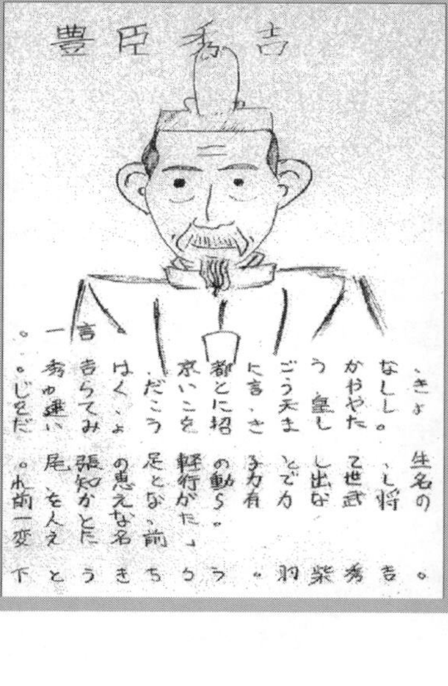

子どものノート例。似顔絵を描くのが子どもたちは結構好きです。かわいい似顔絵を描いたり、漫画などから歴史人物を探して描く子も出てきます。

必ず授業最初の5分にやるので、教師が教室に行く前から、多くの子どもたちは取り組んでいます。

自然に自分の好きな歴史人物が決まってくることも多く、歴史好きな子もこうやって自然に出てきます。

（川原雅樹）

資料集で関所：全員の授業参加を実現

全体構造 STEP3

①（授業終わり５～10分程度で）資料集○Ｐをやります。

②できた人から持っていらっしゃい。

③○付け→「合格したら休み時間」と、合格した子から終わりにします。

POINT!

授業終わり→資料集や作業帳などの問題をやらせて持ってこさせる。合格したら休み時間とすることで、全員授業に参加できます。

ちょっとしたコツ

①**学級崩壊したクラス**で「わからない」などの理由ではなく、意図的に**授業に参加しない子**がいます。授業の内容で参加できるようにするのが最も重要ですが、簡単にはいきません。そんな時、せめて最後だけでも必ず参加できるように資料集の課題をやる時間を設け、**合格したら終了**とします。

②最初のうちは、終了10分ほど前に５分程度で終わる課題を出します。合格した子から早めに休憩できるので、その方が明らかに得なのです。自然とやるようにもなりますが、**最初の時間に必ずやらせることが最も重要**なのです。叱ることなく「終わったら休憩だから」「最後までやりなさい」と**教師があきらめないことが最も重要なのです。やったら大いに褒め少し休憩時間をあげます。**

ちゃんとやればいいことが起こることを体験させるのです。

授業方法（授業終了前、５～10分程度の時間に行いましょう）

①資料集○Ｐを開けなさい。（問題を読む）

とっても簡単な問題です。どうして簡単なのですか。（答えが書いてあるから）

答えが書いてある資料集を選ぶのもポイントです。

②できた人から持っていらっしゃい。合格したら休み時間にします。

持ってきた子から教師が１問だけ○を付け、列を作らないようにします。

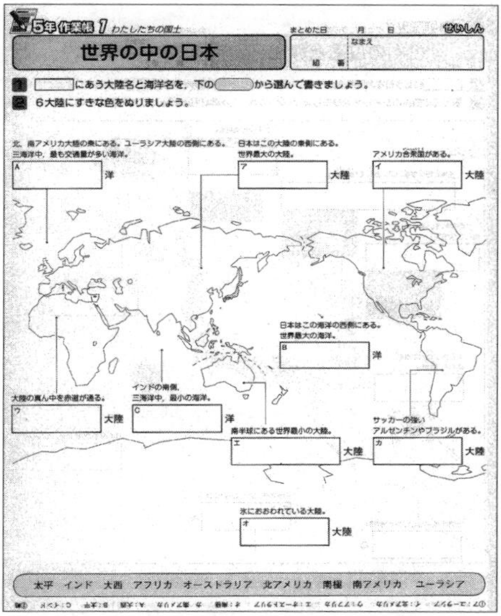

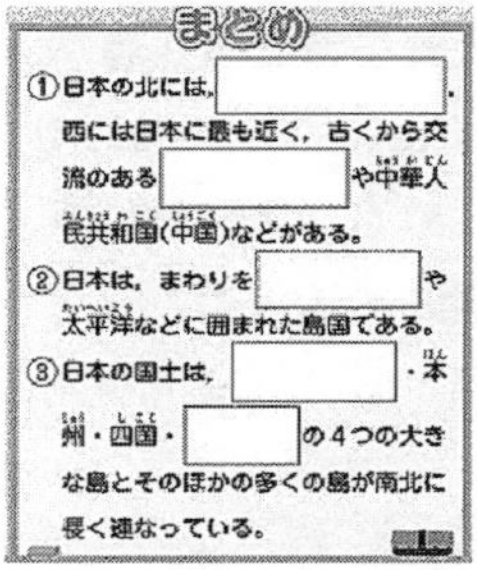

全て正進社の資料集より抜粋しました。左は巻末の作業帳ページです。下に答えが全て反対向きに載っています。右上は資料集の作業ページです。シールを貼ったり、薄い文字をなぞったりして自然に学力も付きます。右下は各ページに付いている「まとめページ」です。これも答えが同じページに載っています。**答えが載っていて誰でもできるので、「持ってきた子から終了」という授業ができます。関所を設けて、通過したら休み時間になる、というイメージです。**

左の QR コードは正進社の社会資料集の HP にアクセスでき、そのまま注文もできます。特徴的なページや、谷和樹氏による実際の授業例も動画で紹介されています。

資料集のしおり＝5年はグラフ、6年は年号と、とても便利です。

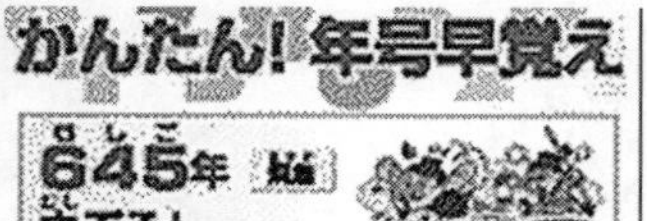

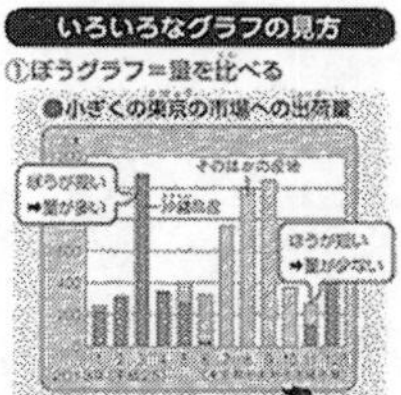

（川原雅樹）

「調べ学習 STEP7」で簡単に調べ活動に入れる！

全体構造 STEP7

①内部情報の蓄積（資料読み取り：写真やグラフの読み取りなど）
②課題の設定（調べたいことを書き出し、１つに確定する）
③調べ方を考える（見学、書籍、質問、インターネット、メールなど）
④調べ学習（家、学校（図書室、インターネット）、見学など）
⑤まとめる（新聞や討論、レポート、ノート見開き２ｐなど）
⑥再構成する（視点を変える、代表的な○○を選ぶなど）
⑦表現する（未来予測、ＣＭ作り、ポスター・パンフレット作り）

POINT! テーマに対する結論を一文で必ず書かせます（わからなかったら「調べた結果、わからなかった」と書かせます）。

新学習指導要領との関連

①情報を収集する技能　②情報を読み取る技能　③情報をまとめる技能
解説編頻出用語多い順ベスト３「①調べ（476カ所）」「②理解（336カ所）」「③まとめ（219カ所）」※社会科の中心は「調べること」

下記がそのまま単元設計となります。

調べ学習STEP7

①内部情報の蓄積
②課題の設定
③調べ方を考える
④調べる（見学・書籍・ICT）
⑤まとめる
⑥再構成（選択）
⑦表現・討論・作品
（未来・地域）

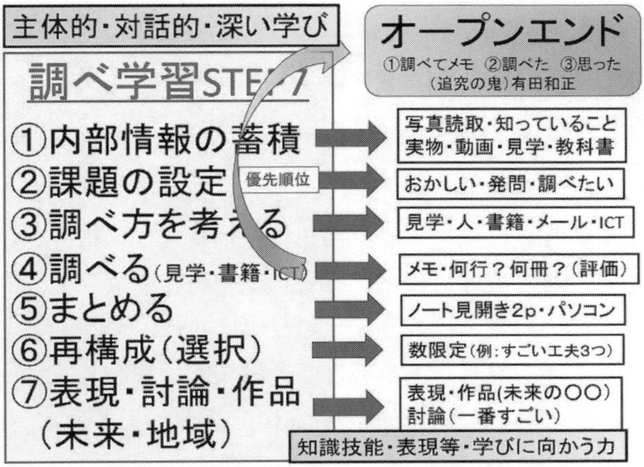

上記QRコードにて下記の「調べ学習の基本的な流れVer. 3」PDFファイルがダウンロードできます。新学習指導要領対応です（P82・P83に全文掲載してあります）。

基本的に全単元で応用可能です。最初に知っていることを出させたり、資料を読み取り内部情報を蓄積させます。そこから課題・調べ方を明確にし、調べ学習に入ります。結論まで出させるところがポイントです。

授業方法 例：４年新単元「わたしたちの都道府県の災害」（全11時間）

災害の写真を提示します。（兵庫県の実践：阪神淡路大震災の写真を提示しました）

＜Step 1：内部情報の蓄積＞（1時間）
写真を見てわかったこと、気づいたこと、思ったことをノートにできるだけたくさん箇条書きにしなさい。

※新単元４年生「災害」。自分の都道府県で起こった災害を調べることが新学習指導要領から始まります。写真は副読本や県や市の公的機関から借りることができます。前述した写真読み取りの授業のように、板書、発表、おかしい意見を発表とすると、自然に討論となります。扱う災害について全く子どもたちが知らない場合はビデオを見せ、ある程度、内部情報を蓄積します。知っていそうな場合は、「知っていること」をノートに全部書かせます。

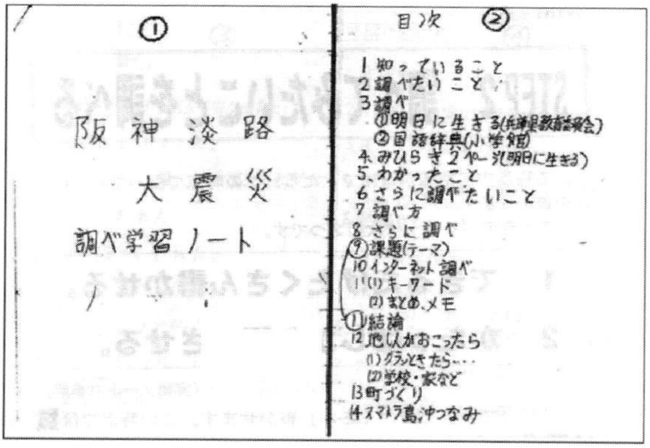

調べ学習ノート

調べ学習で単元を組み立てる場合、余裕があれば、年に一度程度「調べ学習ノート」を作らせます。普段使っているノートに表紙を書かせ、隣ページを目次として、学習が進むにつれて書き足します。学習にもワクワク感が出ます。

＜Step 2：課題発見＞（1時間）
①調べてみたいことを、思いつくだけ箇条書きにしなさい。
②一番調べたいことを決めて、ノートに課題を書きなさい。
③予想を書いて、結論を書くところを作っておきなさい。

次ページの③がStep1で「知っていること」を書かせたノートです。この実践は2005年のもので、子どもたちには「阪神淡路大震災」の年に生まれた子もいます。更に10周年で、ある程度、震災についての情報は入っていました。ノートの抜けている④は「知っていることの続き」、⑤・⑥はビデオを見せて、それをメモしている部分です。

③は便宜上の番号で、実際は⑧の次に書かせています。テーマを書いて、結論部分だけを空けているところです。この実践の時は、予想を書かせることを私自身が忘れていました。

調べ学習ノートの
知っていること（右図③）
わかったこと（右図⑦・⑧）
課題（テーマ）（右図⑪）
を実際に書いたノート

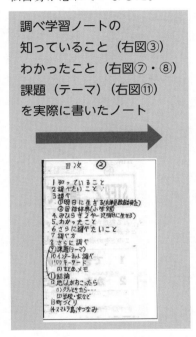

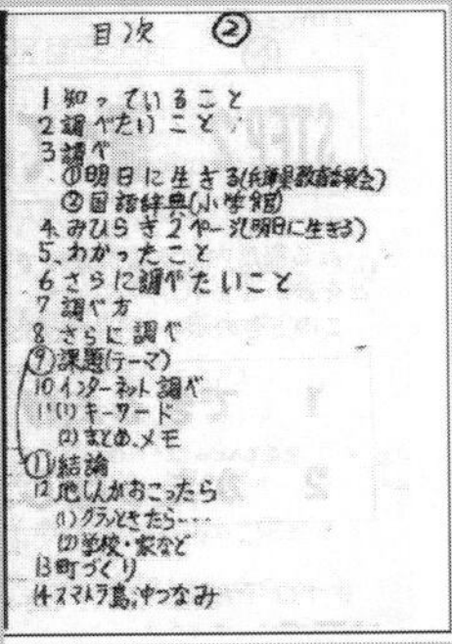
目次 ②
1 知っていること
2 調べたいこと
3 調べ
①明日に生きる(兵庫県教育委員会)
②国語辞典(小学館)
4 みひらき2ページ(明日に生きる)
5 わかったこと
6 さらに調べたいこと
7 調べ方
8 さらに調べ
⑨課題(テーマ)
10 インターネット調べ
11(1) キーワード
(2) まとめ、メモ
⑪結論
12 地しんがおこったら
(1) グラッときたら……
(2) 学校・家など
13 町づくり
14 スマトラ島沖つなみ

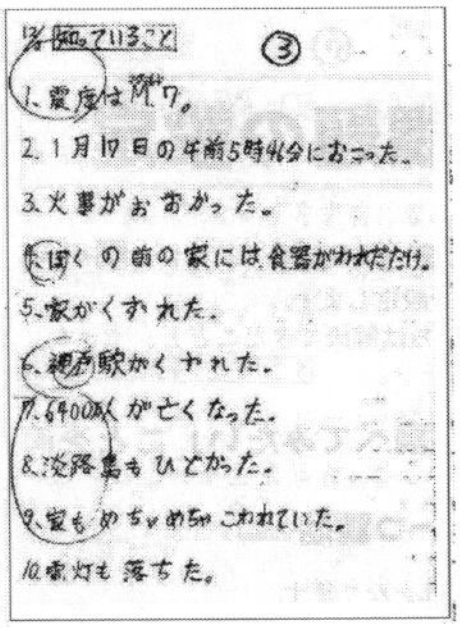
知っていること ③
1. 震度は M7。
2. 1月17日の午前5時46分におこった。
3. 火事がおおかった。
4. ぼくの前の家には食器がわれただけ。
5. 家がくずれた。
6. 神戸駅がくずれた。
7. 6400人がなくなった。
8. 淡路島もひどかった。
9. 家もめちゃめちゃこわれていた。
10. 電灯も落ちた。

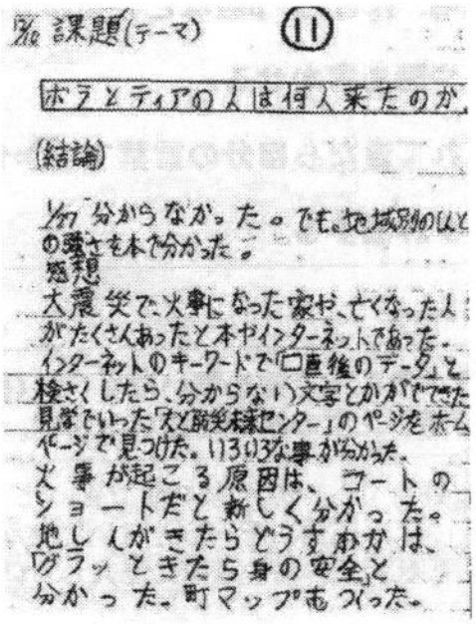
課題(テーマ) ⑪
ボランティアの人は何人来たのか。
(結論)
分からなかった。でも地域別の人との数さを本で分かった。
感想
大震災で火事になった家や、なくなった人がたくさんあったと本やインターネットであった。インターネットのキーワードで「直後のデータ」と検さくしたら、分からない文字とかがでてきた。見ていった「人と防災未来センター」のページをホームページで見つけた。いろいろな事が分かった。
火事が起こる原因は、コードのショートだと新しく分かった。
地しんがきたらどうするかは、「グラッときたら身の安全」と分かった。町マップもつくった。

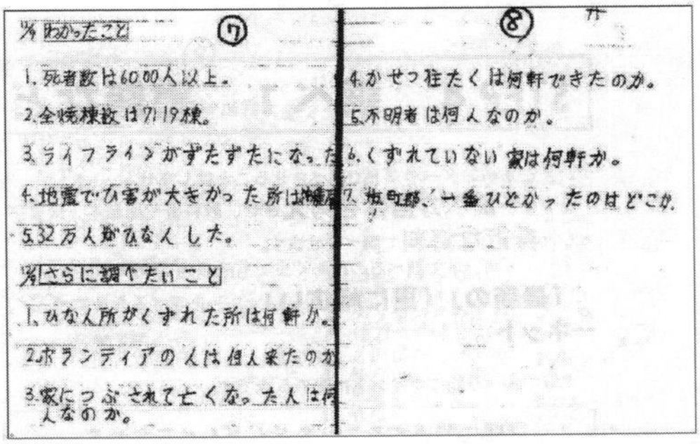
わかったこと ⑦
1. 死者数は6000人以上。
2. 全焼棟数は7119棟。
3. ライフラインがずたずたになった。
4. 地震でひ害が大きかった所は
5. 32万人がひなんした。
さらに調べたいこと
1. ひなん所がくずれた所は何軒か。
2. ボランティアの人は何人来たのか。
3. 家につぶされてなくなった人は何人なのか。
⑧
4. かせつ住たくは何軒できたのか。
5. 不明者は何人なのか。
6. くずれていない家は何軒か。
7. 市町で、一番ひどかったのはどこか。

テーマが1個だけだと難しい。「調べるのに難しい課題があるかもしれませんので、2番目、3番目に調べたい課題には青で○をつけておきなさい」と指示しておくとよいでしょう。

＜Step 3：調べ方を考える＞（1時間）

①みんなは、どんな方法でテーマを調べますか。調べ方を思いつくだけノートに箇条書きにしなさい。

②次のような調べる方法があります。つけ足しておきましょう。

③これは調べられそうだなと思うものには○、ちょっと無理すればできるかなと思うものには△、これは無理だなと思うものには×をつけておきなさい。

「家の人に聞く」「インターネットで調べる」「本で調べる」が子どもたちがよく書く調べ方です。他に思いつかない場合は、教師が教えます。「メール」「見学」「インタビュー」「手紙」「電話」「ファックス」などです。今なら「メール」が相手に迷惑がかからず一番いいかもしれません。子どもたちが使い方を知らないものに「百科事典」もあります。今ならインターネット上にもありますが、実際に索引を使った調べ方も体験させておきます。これらの調べる方法を全てノートに書かせます。向山洋一氏は1980年の社会科圧巻指導案で「自己学習の基礎的能力」として、次の11個の調べ方をあげています。

向山洋一氏の自己学習の基礎的能力 11

①教科書、地図帳、資料集を見る。
②辞書・事典を見る（学校図書室を利用する）。
③参考書、本を見る。
④社会科統計（子ども用）などを見る。
⑤日本国政図絵（大人用）などを見る。
⑥テレビ、ラジオなどを聞く。
⑦新聞を見る（切り抜く）。
⑧身近な人に聞く。
⑨専門家、子ども相談室などで聞く。
⑩図書館で調べる。
⑪農水省、会社などへ問い合わせる。

最後に、実際に調べられそうなものや、できないものを分けます。子どもたちの中には「実際に東京（遠い場所）へ行ってみる」などの調べ方を書く子もいます。もちろん正解なのですが、実際に授業ではできません。実現可能かどうかをメタ認知させ、「家でもできることを調べておきましょう」と指示しておくと、何人かの子が、可能なところから調べることができます。調べた子を大いに褒めると、また調べてくる子も増えてきます。

＜Step 4：調べる＞（5時間）
①教室や図書室の書籍（パンフレットなどを含む）で調べる。（2時間）
②インターネットで調べる。（3時間）

【その1：書籍で調べる】（2時間）

この年は阪神淡路大震災から10年だったので、新聞や雑誌の特集もたくさんありました。子どもたちはそれらを教室に持ち込んできました。もちろん副読本や兵庫県が出している震災の冊子、様々なパンフレットも教室にたっぷりおいていました。

ポイント

資料がたくさんあることが重要です。

方法

①課題に関係することをどんどんメモしていきなさい。関係ありそうだなあと思ったらメモしてかまいません。
②メモの最後に題名、作者、p数（出典）を必ず書いておきなさい。
③絵や図はどんどんノートに書いていきなさい。
④写していいですが、慣れてきたら、自分の言葉で書きましょう。

そして1時間の最後に次のように評価すると、調べ学習が活性化します。

①今日メモした行数を言いなさい。（絵も行数として数えさせる）
②目を通した本の冊数を言いなさい。（ざっと目を通したものでも OK）

出席順に言わせます。「恥ずかしい人は、そっと先生に言いに来てね」とすると、自然に言えます。書くのが得意な子、苦手だけど本を見つけようとする子など、全員が評価され、次の時間、また調べようとする意欲がわいてきます。

【その２：インターネットで調べる】（３時間）
【１時間目　教室で】

インターネットで検索画面を大きく提示する。

①みんなの課題を調べるのに、みんなら、この検索窓に何と入れますか。

１つ書いて持ってこさせます。次々に黒板に書かせます。大体の子はワードを１つ入れます。スペースを書いて２つ以上書いてくる子もいますので、大いに褒めると、他の子も真似してきます。途中途中で次のように教えます。

方法

①２つ以上キーワードを入れるときは「スペース」（ノートに書くときは□）を入れます。その方が調べたい課題にヒットする可能性が高まります。

②次のような言葉を入れると、わかりやすいホームページが見つかることがあります。（「〜って」「〜とは」「〜□しくみ」「〜□子ども」「〜秘密」）

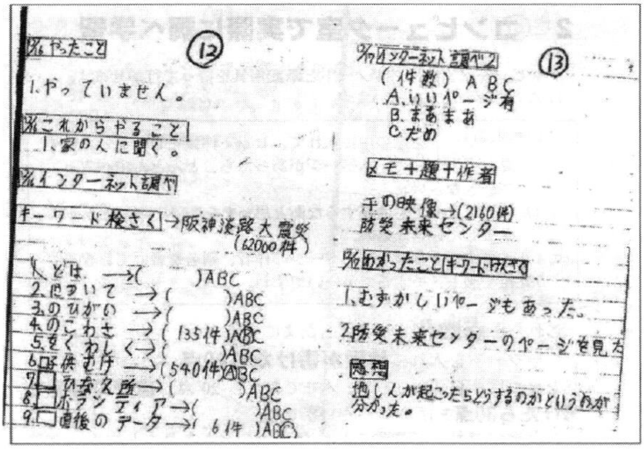

％やったこと　⑫
1.やっていません。
％これからやること
1.家の人に聞く。
％インターネット調べ
キーワード検さく→阪神淡路大震災（62000件）
1.とは →（　）ABC
2.について →（　）ABC
3.のひがい →（　）ABC
4.のこわさ →（　）ABC
5.をくわしく →（135件）ABC
6.子供も →（540件）ABC
7.□ひなん所 →（　）ABC
8.□ボランティア →（　）ABC
9.□直後のデータ →（61件）ABC

％インターネット調べ2　⑬
（件数）ABC
A.いいページ有
B.まあまあ
C.だめ
メモ＋題＋作者
その映像→（2160件）
防災未来センター
％わかったこと（キーワード検さく）
1.むずかしいページもあった。
2.防災未来センターのページを見た
感想
地しんが起こったらどうするのかというのが分かった。

ノートにあらかじめ、検索する言葉やそのヒット件数を書く欄を作っておきます。実際にコンピュータ室で調べる際に書かせていきます。左の「やったこと」には家でやったことを毎時間書かせています。もちろん「やってないこと」でもいいのです。

【2・3時間目　コンピュータ室で】

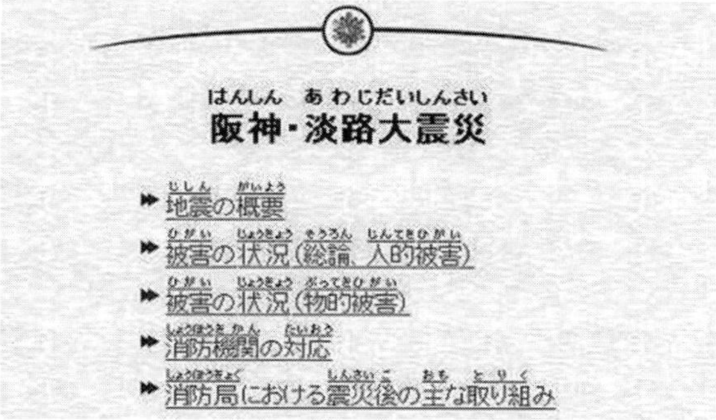

本当なら教室で１人１台コンピュータがあればいいのですが、当時は２人に１台で、コンピュータ室に行かなければならない環境でした。キーワード検索もさせるのですが、何もできない子が出ないように、１つだけ教師機から全員に調べやすいホームページは送ってありました。

方法

①キーワードを窓の中に入れて、ヒット件数を書いていきます。
②いいホームページがあったら、どんどん中に入っていきなさい。
③課題に少しでも関係するなと思ったら、ノートにどんどんメモしていきなさい。
④メモするときは、ホームページの作者、題名を書いておきます。
⑤絵や図もメモするのがいいですね。印刷したい絵や図があれば、１時間につき３つ印刷してもいいです。

印刷枚数を制限しておかないと、子どもたちは印刷しただけで満足してしまいます。キーワードを検索させること、見つかりにくいときはあらかじめ送ってあるホームページをメモしていいことも告げると、安心して学習できます。

ポイント　**調べたことを必ずノートにメモさせること**

子どもたちの中には、インターネットを見ただけで時間が過ぎ、終わってから何もできなかったという子も多いのです。必ずノートに書かせます。このときの評価も書籍のときと同じで、「ノートにメモした行数」「見たホームページの数」を言わせます。「自分の言葉でメモできた人はいますか（挙手）？　Ａと書いておきなさい」と言うと、見つけた情報を自分の言葉で少しずつ書く子が増えてきます。

＜Step 5：まとめる＞（2時間）
①いったん調べたことをノート見開き2Pや新聞にまとめます。たくさん収集した雑多な情報を限定し整理するためです。（1.5時間）
②結論と、感想や他にわかったことをまとめます。（0.5時間）

【その1：ノート見開き2Pまとめ】1.5時間

書籍やインターネットで多くの情報が集まりました。いきなり結論を書かせるには、あまりにも情報が多すぎます。そこで、いったんノートなどにまとめさせます。

方法 メモしたものを参考に、いったんノートの見開き2Pにまとめます。もう少し調べてみようという人は、調べながらでも構いません。

利点は次です。
①調べた多くの情報から課題に沿った情報を選ぶことができます。
②調べ足りなかった子は、ここでもう少し調べられます。調べる方法も自分で選べます。
③ノートにまとめをするので、情報を限定し整理することができます。

【その2：結論とわかったこと、感想をノートにまとめる】0.5時間

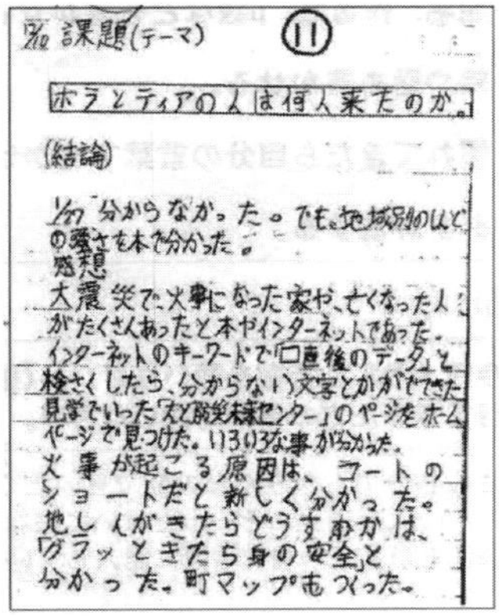
課題(テーマ) ⑪
ホテとティアの人は何人来たのか。
(結論)
分からなかった。でも、地域別の人どの多さを本で分かった。
感想
大震災で火事になった家や、亡くなった人がたくさんあったと本やインターネットであった。
インターネットのキーワードで「直後のデータ」と検さくしたら、分からない文字とかがでてきた。
見学でいった「人と防災未来センター」のページをホームページで見つけた。いろいろな事が分かった。
火事が起こる原因は、コートのショートだと新しく分かった。
地しんがきたらどうするかは、「グラッときたら身の安全」と分かった。町マップもつくった。

そして、最初のテーマのページに戻ります。結論を書かせます。わからなかった場合は「わからなかった」と書かせます。

ポイント テーマに正対した結論を書かせる

最後に「感想」と「他にわかったこと」を書かせて終了です。テーマ以外にも調べたことを書かせると、わからなかった子どもたちも満足します。

＜Step 6：再構成する＞（1時間：例）
①調べていて凄いなあと思うことを、思いつくだけ箇条書きにしなさい。
→最も凄いことを1つ選ぶ→ＫＪ法
②地震から町（命）を守るために大切なことを、思いつくだけ箇条書きにしなさい。→最も大切なことを1つ選ぶ→ＫＪ法

簡単なのは「凄い」ことを書かせることです。これまで調べたこと（見学も含めて）を「凄い」というキーワードに変換させます。これは学習指導要領での「工夫」「苦労」などのキーワードにつながり、単元目標を達成させられる活動となります。本単元の場合は、最後に町作りや震災から身を守る技術につなげたかったので、「地震から町（命）を守る」というキーワードに変換しました。

ポイント 学習したことを単元のキーワードとなる言葉に変換させる。

「凄い」は谷和樹氏、「得か損か」は向山洋一氏、「公平か不公平か」は築地久子氏のキーワードです。それぞれ単元を貫く、または単元の最後に目標を達成させられるキーワードです。岩田一彦氏はこのことを「価値判断」とも呼んでいます。単元最後に価値判断を問うことで目標達成できることが多いです。

＜Step 7：表現・討論・作品＞（1時間：例）
「未来の○○」「一番○○は何か」「新しい○○作り」「○○のＣＭ（パンフレット、動画、ポスターなど）作り」をしましょう。

未来志向の項でも書きましたが、最後に上記のようなことを単元のまとめとして行います。子どもたちは自由な思考で考えます。また「一番○○」は、上記の「凄い」「得か損か」「公平か不公平か」などの討論でも学習したことを使えます。「新しい○○作り」は作品にして、見学した施設や公共機関などに提案することもでき、子どもたちも満足する学習となります。

（川原雅樹）

※Ｐ73のQRコードにてダウンロードできる「調べ学習の基本的な流れ Ver.3」見本

TOSS向山型社会　調べ学習の基本的な流れ　V

A　基本的な流れ　社会科における調べ学習STEP7　＜①内部情報の蓄積→②課題の設定

①内部情報の蓄積
1　見学へ行く（直接体験）
2　知っていることを書き出す
3　ビデオを見る（間接体験）
4　写真を見る（間接体験）

②課題の設定
1　調べたいことを箇条書きにし、幾つか選ぶ。
2　語尾「か」で終わる。
3　教師が**発問**する

③調べ方を考える
1　地域の人、役場の人へ聞く
2　手紙やＦＡＸを出す
3　インターネット、書籍
4　お礼の仕方を必ず教える

1
2
3
4

B　TOSS向山型社会　調べ学習全体構造図（新学習指導要領、向山実践、向山氏の論文の

A　新学習指導要領における調べ学習（解説152p）

＜1　情報を収集する技能　→　調査活動・諸資料＞
（1）調査活動（野外調査・社会調査）
①観点（**数・量・配置等**）②スケッチ・写真撮影③地図④行政機関・事業者・地域住民への聞き取りやアンケート調査
（2）諸資料
①地図・地球儀（**位置、形状、分布、面積**）②年表（**出来事・時期・推移**）③統計（**傾向・変化**）④新聞⑤図表⑥文書
⑦音声⑧動画⑨静止画⑩現物（様々な情報を読み取る）

＜2　情報を読み取る技能→情報全体の傾向性・必要な情報＞
（1）情報全体の傾向性
＜全体的な傾向1＞＝**①位置　②分布　③広がり　④形状**
＜全体的な傾向2＞＝**①量　②変化　③区分　④移動**
＜趣旨＞＝①博物館展示の配列　②郷土資料館等の展示配列
（2）必要な情報を選ぶ
＜事実を正確に読み取る＞　＝①形状②色③数④種類⑤大きさ⑥名称（地図＝⑦方位⑧記号⑨高さ⑩区分）（年表＝⑪年号⑫時期⑬前後関係）
＜有用な情報を読み取る＞　＝①学習上の課題の解決につながる情報②諸情報から目的に応じた情報を選別して読み取る
＜信頼できる情報を読み取る＞

＜3　情報をまとめる技能→基礎資料・分類・整理＞
（1）基礎資料＝①聞き取ってメモにまとめる②地図②ドットでまとめる③数値情報をグラフにまとめる
（2）分類・整理＝①項目②カテゴリー→整理してまとめる
（年表にまとめる＝③順序④因果関係）（白地図にまとめる＝①位置②方位③範囲）（イメージマップ・フローチャート＝①相互関係）（情報機器でまとめる＝デジタル化した情報を統合・編集）

B　新学習指導要領解説　社会科編　重要キーワード

☆調べる466・調査102　計568（前＝499（399・100）+69増
①主体的・対話的で深い学び＝資料から話し合い・調べ・討論へ
②知識・技能（地理・歴史・社会生活+調べまとめる技能）
③思考力・判断力・表現力等　④学びに向かう力・人間性（一員）

具体的な資料で調べ、事象の関係を考え、理解し、分かったことを表現し、社会の一員への理解が、流れの基本となる。
＜社会科とは事象間の関係がわかることが目的（岩田一彦）＞

＜TOSS向山型社会　調
＜以下、基

STEP1　内部情報の蓄積
（1）社会科だけはばらばらの
①一人一人のばらばらな
②それらの体験が授業場
（例　【水道】「自分の家の
③一人一人の体験を広げ
（2）共通の体験にする（写真
ア　多くの情報を見
＜「1988年向山洋

STEP2　課題の設定
（1）「すぐには答えの出ない
①学習問題を創らせ、そ
②教師から発問する（**例**
（2）最後を「か」で終わらせる

STEP3　調べ方を考える
（1）全員が出来る調査方法を
（2）調べる方法、情報を集め
（例　＜水道の水はどこか
「このことについて調べていらっ
べ方がわからない。どう調べた
①どの方法もいいと言
②何で調べたか紹介す
③新しく考え出した方
（3）お礼のしかたは必ず教え
＜以上「授業の知的

STEP4　調べる　（下記に
＜書籍＞（1）百科事典の使い方（
＜人に聞く＞（1）練習して評価
＜インターネット＞（1）検索エ
定（4）タイトル　作者　ドメイン

STEP5　まとめる　（下記
（1）ノートに正しい答え
（2）結論を書かせる。わ
（3）見開き２Ｐにまとめ

STEP6　再構成する
（1）KJ法　（2）一つ選ぶ

STEP7　表現する・・未来予
（1）作文・レポートに書く
（2）動画、ポスター、パン
（3）討論「雪国は損でない
＜情報を蓄積し、課題を考

/er. 3　「調べ学習から討論（表現）への道筋」

「→③調べ方を考える→④調べる→⑤まとめる→⑥再構成する→⑦表現する＞

④調べる	⑤まとめる	⑥再構成する	⑦表現する
家で調べる（多様） 調べたことをメモ 書籍（メモ） メモを評価する	1　結論を書かせる。 2　見開き２Ｐ（評価） 3　集めて冊子にする 4　年表など	1　視点を変え、代表的な〇〇を〇つ選ぶ。 2　KJ 法→班で１つ選ぶ 3　発問する「得か損か」	1　新聞、動画 CM 等 2　討論、発表 **3　未来予測（ＡＩへ）** **→自分の地域へ**

みで「調べ学習」「討論」に関連するものを構成）

調べ学習の基本的な流れ7（試案）＞

本的に向山実践からの言葉のみ引用する＞

]

体験をもとにして学習している。

体験がたくさんあることが必要である。

面に反映されることが必要

使用量」自分自身の生活におきかえる）

る（買い物調べ、試食）

、スライドなどの間接体験）

せる　　イ　現地の体験をさせる

一氏「3年社会研究授業覚え書き」より引用＞

問題」を設定する。

れを組み立てる（オーソドックな指導法）

【水はどこからくるのか】50M前、源）

。（問題の形になる。昔からの実践？）

を指示する（例　家の水道使用量）

る方法をきちんと教えていく＞

らくるのか調べる方法を考える＞）

しゃいと教師が言うのは無責任だ。多くの子は調

らいいのか、教えなくてはならない。

って誉める

る

法（電話など）をとりあげ、紹介する

る（できたら葉書を書かせる）

組み立て方」（明治図書）向山洋一より引用＞

向山実践「明治時代」及び谷氏の実践）

2）書籍からどんどんメモ（4）何行メモしたか評価、

してから（2）関係機関には連絡（3）御礼の手紙

ンジン指定（2）ひらがなソフト使用（3）ページの指

ンの意味（5）キーワード検索（一つ→変化→複数）

記「授業の知的組み立て方」より）

を書く欄を作っておく（例　水道）

からなかったら「わからなかった」と書く。

る（テーマ以外にわかったことなど）

（3）発問に変換「損、誰」等＜向山実践＞

測・自分の地域を考える

（工業地帯の実践、明治時代、戦国時代等）

フレット、葉書（観光立国教育との関連）

か」「多摩川は誰の物か」「元が攻めてきた」

え、調べる方法を考え、調べ、表現する＞

C　向山洋一氏　社会科教育の基本的な流れ

＜社会科教育85年12月号　基本的な流れ＞

1　**はじめに**ある限定された場面の写真・表・絵・実物などを示し、できる限り**多くの考え**を発表させる

2　出された子どもの**意見を分類**する。**（学習課題）**

3　分類したいくつかの**課題**に対して、それを確かる授業をする。（子どもで困難な問題を取り上げる

4　それ以外の課題を子どもに調査させる（グループ）

5　調べたことを**発表させ討論**させる。**（表現）**

6　分かったこと、分からなかったことを確認する。**（課題に対する結論を出させる。整理する）**

＜社会科教育92年5月号　写真読取　最後は討論へ＞

A　写真読み取り能力育成の授業

1　写真を見てわかったこと、気付いたこと、思ったことをノートにできるだけたくさん箇条書き

2　発表させ、まとめる。

3　他の見方を育てる発問をする。（雪小モデル）

B　本時目標達成の授業

1　〇〇の**工夫**について発表しなさい（書く）

2　調査活動をする（調べ学習）

3　子どもの発表を分類しまとめる。

4　**討論**をする。

＜対立する意見に分類し討論させるのである＞

D　向山洋一氏　社会科授業の考え方

1　授業とは、子どものこれまでの内部蓄積を新しい刺激によって、ゆさぶり、新しい見方、考え方、知識を創り出すことと思っている。（全集 47）

2　発問というのは、今まで見えなかったものを発見させることだ。できたら勉強の出来る子が間違え、できない子が正解するのが望ましい。

3　発問の条件「選択させる言葉」「発見させる言葉（社会科教育 86 年 7 月号　発問の法則を求めて）

E　向山洋一氏　討論の授業の条件

①多人数が存在する。②多人数は、ある問題を考えている。③ある問題は、同一のものである。④みんな自分の考えを持っている。⑤異なる集合に分けられる。

＜教師の役割は課題の選択（発問）と対立意見の整理＞

2 仮説化：ＫＪ法を使った単元の組み方「５年 事例工業地帯を例に」

POINT! 子どもが自分で学習方法を身につけるシステムの構築はＫＪ法により可能となりました。

新学習指導要領との関連

①新学習指導要領では、「主体的・対話的で深い学び」が言われています。これまでの授業における「子どもに考えさせる」場面の多くは、教師が用意した枠組みでしかされていません。

②「やらせ」で「子どもに考えさせている」授業は、「まとめ」「検証する」という形での力をつけていないのが実態です。

③ＫＪ法により、子どもが自分で学習方法を身につけるシステムの構築は可能となったのです。

全体構造 STEP3

①収集した情報を検証するための問題をつくります。

②検証するための資料を書き、資料をさがしだします。

③確実な情報をもとに仮説を考え、検証します。

授業方法

向山型社会の１つに「工業地域の分布」があります。工業地域の立地条件を多様な面からとらえ、子どもたちのたてた仮説を検証する授業です。

そこで、向山氏は、ＫＪ法による情報収集・構成のシステムを学習の中心におきました。ＫＪ法の研究を目的としたのではなく、「子どもが自分で学習していけるような学習のシステム」を明らかにするために、ＫＪ法を活用したのです。

学習の流れは以下の通りです。

学習の流れ

①内部情報をカードに書く。
②親和性のあるカードを集めグループ化する。
③カードを構造図にあらわす。
④収集した情報を検証するための問題をつくる。
⑤検証するための資料を書く。
⑥資料を探しだす。
⑦確実な情報をもとに仮説を考える。
⑧仮説を検証する。　（向山洋一年齢別実践記録集第16巻）

①内部情報をカードに書く。

君たちは工場が多く集まっている工業地帯の一角で生活しています。それと関係した多くのことを見たり聞いたりしているはずです。そのことを、できるだけ細かく、カードに書きなさい。

②親和性のあるカードを集めグループ化する。

③カードを構造図にあらわす。

グループごとにまとめて、表をつくりなさい。カードをノートに貼ってもいいですし、ノートに直接書いてもいいです。

②、③はＫＪ法を活用した場面です。

しかし、これだけでは、今までの授業実践にもあります。子どもに、グループ化した諸項目を検証させることまで追求させるには、④以下が重要となります。

④収集した情報を検証するための問題をつくる

仮説をつくる場面です。

君たちが住んでいる工業地域（京浜工業地帯）で見られることは、多くの工業地域でも見られます。そこで、自分流の法則（どこでもあてはまること）を考えてもらいます。次の文を参考にして、自分流の法則（○○の仮説）をできるだけ多く考えなさい。

ア．～であれば工業地帯である。
イ．～であれば工業地帯になりやすい。
ウ．工業地帯であれば～である。

カード１枚に１つのことを書きなさい。

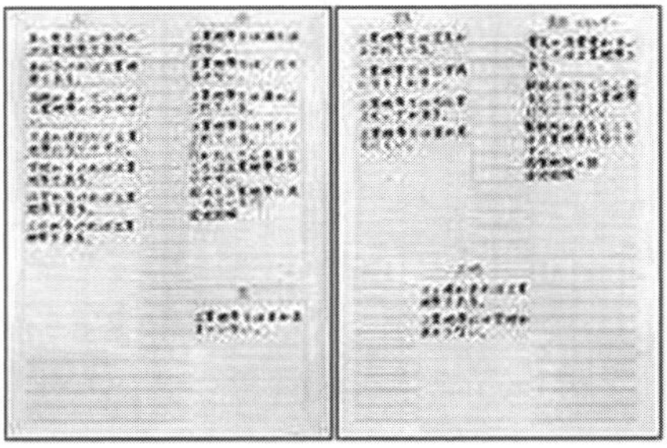

限定した表現で書かせることによって、子どもは思考しやすくなります。ただ、仮説をつくるのは、子どもにとって予想以上に難しい作業です。１つ書けたら教師がノートを点検し、ほめてあげるぐらいがちょうどよいです。内部情報の蓄積も忘れてはなりません。

もうつくれなくなった人は、似ているものを集めて表を作りなさい。後から付け加えてもかまいません。しかし、相談したり、本を見て考えついたりしたものは絶対にだめです。
自分がつくった仮説の中から、重要だと思うものを３つぐらい選びなさい。選んだら、ノートに箇条書きしなさい。ただし、自分で調べて証明できるものにしなさい。

子ども自身の仮説という点でも徹底しています。また、「自分で調べて証明できるかどうか」も極めて重要です。自分で先を見通せるなど、子どもが自分で学習方法を身につけるということで、それらは貫かれているのです。

⑤検証するための資料を書く

重要だと思った仮説が正しいことを証明してもらいます。それぞれの仮説について、A．何を　B．どうやって調べたらいいのか、ノートに書きなさい。

こういうことがきちんとできて、初めて調べることができるのです。

A．何を→こういう資料を調べたらいい。例えば、こんなグラフ・表・地図など。
B．どうやって→本で調べる。資料で調べる。人に聞く。図書館に行く。インターネットで調べるなど。

⑥資料をさがしだす
⑦確実な情報をもとに仮説を考える

仮説を証明するためには、資料が必要です。ノートに、資料の図とかグラフだけを写しなさい。教科書などの本文を丸写しするのではありません。また、自分の考えを書いて四角で囲んでおきなさい。

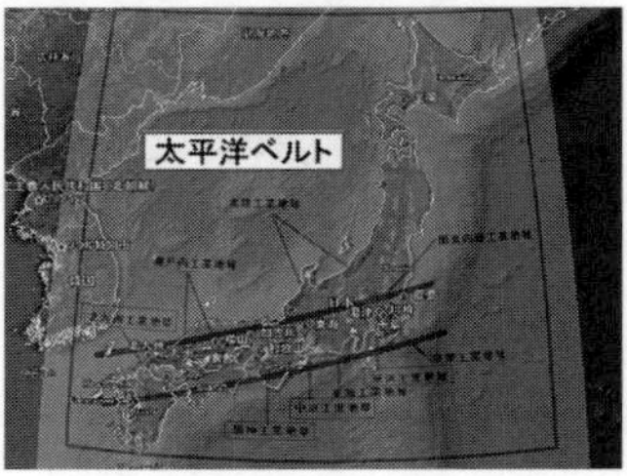

ここでは実際に調べ活動を行います。

38人の子どもがいれば38通りの学習活動となります。それぞれ３つの仮説を調べるとしたら、100通り以上の活動となるのです。最もダイナミックな場面です。

この時、教室の棚には「ジュニア朝日年鑑」「日本国勢図会」などの資料、工業に関係する本を百冊程度用意します。

教師は、１つの仮説を調べたら、ノートを見るというように個々の進み具合を点検する必要があります。その後、個々の仮説を発表します。

⑧仮説を検証する

仮説の検証を終えた後、子どもたち１人１人に社会科作文（B41枚程度）を書かせます。仮説を発表した時のこととか、この授業で何をしたかといったことを書かせます。

（勇　眞）

TOSSメモを使った調べ学習とノートのまとめ

§1 簡単にできる歴史人物関係図

1 難題を解決する３つのステップ

６年生歴史学習の最難関の１つは明治時代でしょう。

歴史人物が10人も登場するからです。

学習指導要領には42人の歴史人物が例示されています。

そのうちの４分の１が一気に登場するのですから、歴史が苦手な子にとっては大変です。

さらに東京書籍の教科書には，次の課題が出てきます。

学習問題について調べてきたことを関係図に整理しよう。

教科書には手順も載っているし、見本も載っています。

しかし、「この通りやってごらん」と言ってできる子はそう多くはないでしょう。

「関係図を完成させる」というゴールは、子どもたちにとって、あまりにも遠いゴールなのです。

では、どうすれば到達できるようになるのでしょうか。

細分化する。

筆者は関係図を完成させるまでの道のりを次の３つのステップに分けました。

①調べる　②つなげる　③広げる

そして、飛鳥・奈良時代からの関係図づくりに挑戦させていきました。

2 「限定」を生み出すTOSSメモ

まずは「調べる」です。

指示１　TOSS メモ１枚に１人物をまとめます。

TOSS メモは、手のひらサイズの小さなメモ型付箋紙です（東京教育技術研究所のＨＰから購入可能）。

指示２　教科書から聖徳太子のやったことを見つけて線を引きなさい。
指示３　聖徳太子に関するエピソードの中で大切なものを選んで、TOSS メモに箇条書きしなさい。

この時、TOSS メモの小ささが**「限定」**の役目を果たします。

Ａ　限定されているから、**すぐに書き終えることができる。**
Ｂ　限定されているから、**大事なことに絞ろうとする。**

慣れてくると、人物1人につき５～10分で調べてまとめられるようになっていきます。

そして、「１枚完成させた」という事実が、次のやる気を生み出すのです。勉強の苦手な子も熱中して取り組むのは、この**「限定」**のおかげなのです。

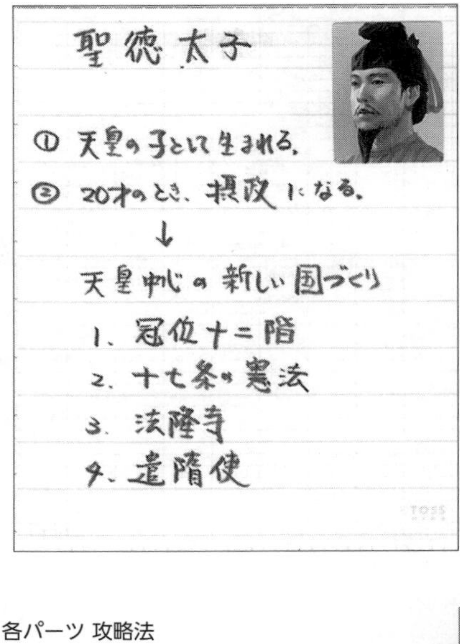
聖徳太子
① 天皇の子として生まれる。
② 20才のとき、摂政になる。
↓
天皇中心の新しい国づくり
1. 冠位十二階
2. 十七条の憲法
3. 法隆寺
4. 遣隋使
TOSS

歴史が得意な子は次々と情報を見つけますが、見つけたことすべてを TOSS メモ１枚に書くことはできません。どれに絞ろうかと考え始めます。

このこと自体が大切な学習となるのです。

１枚完成させれば、あとは繰り返しです。

子どもたちはあっという間に情報収集の方法を身に付けていきます。この調べ学習を単元の第１時で行うのです。何回かやれば、子どもたちが１人で進めていく**「自己学習システム」**になるはずです。

3 「思考」を助けるTOSSメモ

第２時以降は、教師による一斉授業で学習を進めていき、最後は「関係図づくり」で学習のまとめをします。

第１時に書いたTOSSメモをノート見開き２ページに貼ります。

指示４ 人物同士の関係を考えながらTOSSメモを貼ってごらん。

TOSSメモの裏面にはのりがついています。だから、付箋紙と同じように自由にノートに貼ることができるのです。

発問１ どうして近く（遠く）に貼ったのですか？

この「理由」を考えさせることが大切です。

人物同士を線で結んだり、矢印でつないだり、ぐるっと囲んだりしてもよいです。さらに「大化の改新」「遣隋使」などの説明も書き込ませます。

これが「つなげる」段階です。（下の写真）

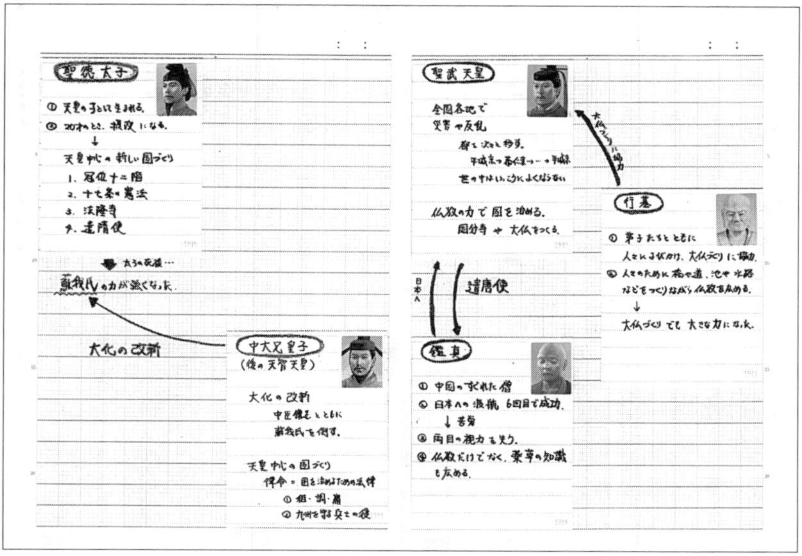

少しでも書けた子にはノートを持ってこさせ、「すごい！」「いいねぇ」とほめたり、よい工夫を見つけてみんなに紹介していったりするといいでしょう。

最後のステップは「広げる」です。ノートの余白に関連する絵や図、詳しい説明などを書き込んでいき、完成です（下の写真）。

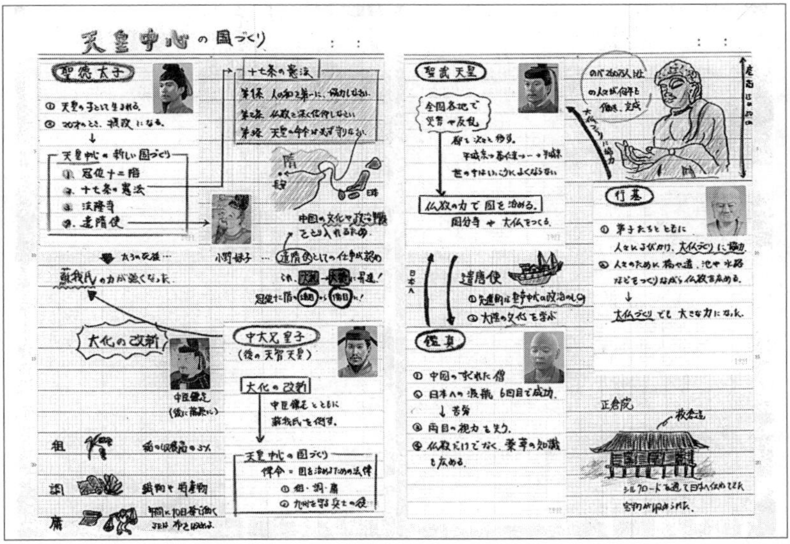

慣れてくれば1時間でほぼ完成します。

できたノートは、合格か不合格かで教師が評定します。

この評定があるから子どもたちは必死に取り組むようになります。

素晴らしいノートは全員に紹介します。

よいイメージを共有することで、学級全体のレベルが上がっていきます。

太田学級の子どもたちはこのように学習を進め、明治時代の頃の授業では、１人で関係図を完成させられるようになったのです。

ゴールまでのステップを明確にし、反復により習熟させていけば、どの子でも力を付けることができるのです。

（太田政男）

TOSS メモを使った調べ学習とノートまとめ

§2 何年生でも追試可能！　簡単にできる調べ学習

1　調べ学習の発問

調べ学習ではどんな発問をすればよいのでしょうか。次の発問は、いずれも向山洋一氏のものです。

A　３つある中で一番重要な所はどこですか。
B　そこに書いてある重要なことに、線を引きなさい。
C　キーワードを３つ取り出しなさい。
D　自分の知らなかったことを３つ書いて、そのことについての自分の考えを書きなさい。

６年生で修学旅行の調べ学習をしたことがありました。その時に使ったのがＤの発問です。子どもたちは夢中になって調べ、まとめ始めました。なぜでしょうか。それは何を書けばよいかが明確だからです。

①まずは「自分の知らなかったこと」を見つける。
②次に、それを３回くり返す。
③最後に、調べたことについての「自分の考え」を書く。

まず１つ１つの手順がわかりやすいのです。本で調べてみて「知っていること」以外は、すべて「知らなかったこと」になります。いくらでも見つかるし、どの子でも、あっという間に見つけられます。しかも「知らなかったこと」には自分の興味関心もあります。このように指示のハードルがとても低いのも、向山氏の発問の特徴なのです。

自分の知らなかったことを３つ書きます。見つけたら TOSS メモ１枚に１つずつ書いていきます。

TOSS メモ１枚に１つのことを書かせました。TOSS メモなら、後でノートにレイアウト考えながら貼ることができるからです。上手に書けている子の TOSS メモも紹介しました。

2　TOSSメモを貼って余白に考えを書く

次は「考えを書く」段階です。

TOSS メモ３枚をノート１ページに貼りなさい。貼り方は自由です。
空いた場所に、調べたことについての自分の考えを書いてもらいます。

「自分の考えを書く」のは少しハードルが上がります。

しかし、TOSS ノート１ページに TOSS メモを３枚貼れば、余白はあとわずかです。だからこそ、がんばれるのです。それでも余白が残れば、関連のある資料を写してもよいでしょう。そうしてできたのが、右のまとめです。応用すれば下のような調べ学習も可能です。

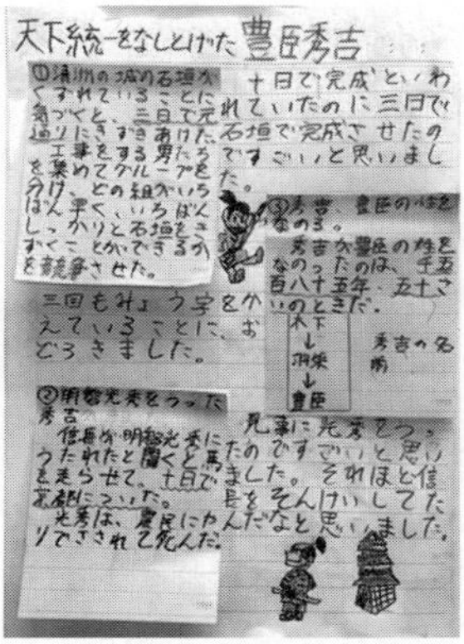

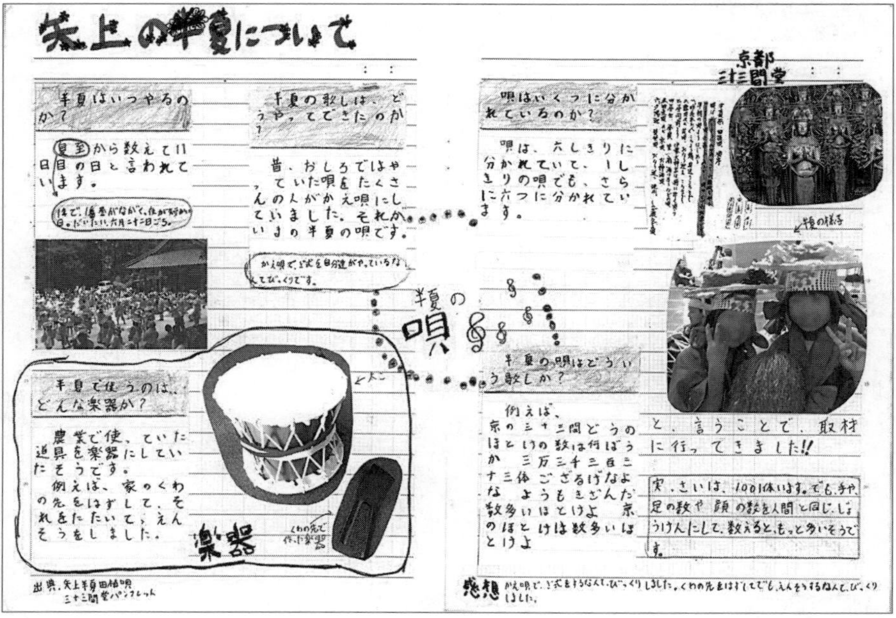

（太田政男）

百科事典を使った調べ学習とは

インターネットでの調べ学習の前に、百科事典の「索引の使い方」を指導しなければなりません。

新学習指導要領との関連

①新学習指導要領 社会科には、「百科事典」という言葉は出てきません。国語科３・４年に、「学校図書館などを利用し、事典や図鑑などから情報を得て」という表記があります。

②新学習指導要領でも、コンピュータを活用するように言われていますが、そのためには、１．国語辞典　２．子ども用百科事典　３.百科事典　の３つを活用する技能を身に付けておくことが必要です。しかし、これらの指導をしていないのが実情です。

③百科事典では、とりわけ「索引の使い方」を指導しなければなりません。

全体構造 STEP3

①課題を確認します。

②百科事典で調べます。

③調べたことをノートに書かせます。

授業方法

向山実践６年社会「福沢諭吉と人間へのめざめ」に、百科事典を扱っている場面があります。（向山洋一『年齢別記録集』第19巻）その構想の追試です。

事前に、クイズのように子どもがものすごく熱中する授業で、新しいものを調べるという興味付けを行っておくと効果的です。

指示　読みなさい。「福沢諭吉は、東京横浜で何を見たか」

福沢諭吉は、東京横浜で何を見たかを調べるグループを作りました。

①食べ物　②着るもの　③のりもの　④建物　⑤しくみ　⑥生活用品

指示　グループごとに何があったと思うか予想しなさい。

ノートに「調べたいものの名前→予想」を書かせます。

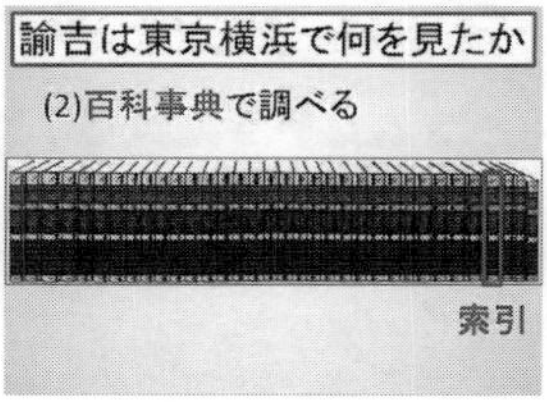

諭吉は東京横浜で何を見たか
(2)百科事典で調べる
索引

指示　(食べ物のグループを例に調べます)
「チョコレートがはじめて日本に入ってきたのはいつか」を調べます。ノートに「チョコレート→予想」を書きなさい。

「明治時代初め」「明治時代終わり」「大正時代」という予想が出ます。子どもの前に百科事典をずらっと並べます。
「いろいろな調べ方がありますが、今日は、百科事典で調べます。百科事典が並んでいます。一番最後に索引が１冊だけあります。この１冊だけをつくる値段と残りの全てを作る値段とは、ほとんど同じです。索引にはそれほど価値があります。百科事典が使えるというのは、索引の引き方がわかるということです」と説明して、百科事典の索引のコピーを配布します。

指示「チョコレート」を見つけなさい。赤で○をつけなさい。お隣と確認。「20-517a」と書いてありますね。20巻に載っているということです。次に517aとあります。517ページ。aは左側の列に載っているという意味です。

20巻517ページのコピーを配ります。

指示　517を赤で囲んでおきなさい。左側の列。「チョコレート」を見つけなさい。カタカナで太く書いています。赤で○をつけなさい。チョコレートがはじめて日本に入ってきたのはいつと書いていますか。その部分に赤で線を引きなさい。

書かれている部分を確認し、教師が読みます。その後、調べたことをノートに書かせます。(→調べて)

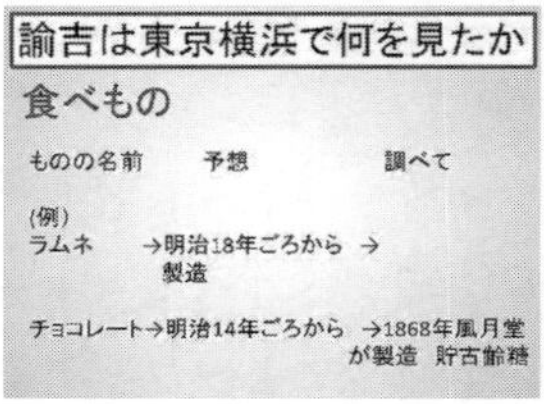

諭吉は東京横浜で何を見たか
食べもの
ものの名前　予想　調べて
(例)
ラムネ　→明治18年ごろから　→
製造
チョコレート→明治14年ごろから　→1868年風月堂
が製造　貯古齢糖

指示　出典も書いておきなさい。

①事典名（平凡社『世界大百科事典』）②巻名（20巻）③ページ（517ページ）④発行年（1977年）

時間があれば、教師がインターネットで調べた内容を紹介します。

この後、グループで百科事典を使って「はじめて入ってきたもの」を調べ、資料集「はじめはいつか」にまとめます。最後に、調べたことを発表します。

（勇　眞）

インターネット→ キーワード検索を使った調べ学習全体図

POINT! 情報を処理する能力の基盤は「キーワード検索の力を鍛えること」です。

新学習指導要領との関連

①これからの社会は、身の回りのあらゆるものがインターネットとつながった社会（IoT社会）になります。子どもたちにとってインターネットは「生まれたときから当たり前にあるもの」であり、社会環境の一部です。

②このような時代に、新学習指導要領では「子供たちが様々な変化に積極的に向き合い、他者と協働して課題を解決していくことや、様々な情報を見極め知識の概念的な理解を実現し情報を再構成するなどして新たな価値につなげていくこと」が大切であると書かれています。

③参考資料では、「社会的事象等について調べまとめる技能」として「コンピュータや情報通信ネットワークなどを活用して、目的に応じて様々な情報を集める」ことが例示されています。

全体構造 STEP3

①国語辞典や百科事典で調べる方法を、まず先に体験させます。

②調べ方や調べた内容を「ノートに記録する方法」も教えます。

③インターネットにアクセスし、「情報の取り出し方」や「読み取り方」などについて体験させながら教えます。

授業方法

①インターネットで調べるテーマを決めます。

②検索する「言葉（キーワード）」を予想させます。

③予想したキーワードで検索し、検索結果を確認します。

④たくさんの検索結果から「情報を選ぶための基準」をいくつか教えます。

⑤選んだWebページにアクセスしてみます。

⑥Webページの読み取り方を教え、必要な情報だけをノートにまとめます。

⑦同じ手順で、別のテーマについても調べます。

1　インターネットでの調べ学習は「キーワード検索」につきる

小学校の情報教育は、第一に「調べ学習」、第二に「情報モラル」の学習です。

調べ活動においては、「情報を取り出す」「整理する」「活用する」「記録する」「報告する」「発表する」までがセットになります。

インターネットでの調べ学習は、一言でいうと「キーワード検索」につきます。

キーワード検索が上手な人が、インターネット検索が上手だということです。

瞬くまに情報を探せる人は、「キーワードをどう設定するか」という力が強い傾向にあります。

この「キーワード設定の力」というものは数をこなさいと身につきませんが、ある種の基本的なことは、授業で子どもに教えてあげる必要があります。

例①　検索窓にどういう言葉を入れるのがいいのか。
例②　漢字で検索するのか平仮名で検索するのか。
例③　どういう言葉を入れると子どもにわかりやすいページが出てくるのか。

検索技能を教えれば、それだけで子ども達のインターネットでの調べ学習は変わります。

教える時のポイントは「成功体験」です。「キーワードを上手に設定すると、ほしい情報がすぐに出てきた」という成功体験こそが、子どもたちに検索技能を習得させます。それがエピソード記憶として残るのです。

2　情報を処理する能力

社会科の基礎・基本ともいえる**「情報を処理する能力」**。

その中身は、大きく４つに分けることができます。

第一に、「情報を探す力（検索）」。
第二に、「情報を選ぶ力（選択）」。
第三に、「情報を読む力（分析）」。
第四に、「情報をまとめる力（総合）」。

現在では、「インターネットを活用した調べ学習」をどう組み立てるかは、重要なテーマの１つです。

インターネットを活用した調べ学習を指導する前提として、教師自身がインターネットを活用した情報の検索に習熟していなければなりません。また、国語辞典や百科事典などを十分に使いこなせる技能を身につけていなければなりません。その上で「検索エンジンそのものをどう教えるか」「キーワード検索をどう教えるか」といった内容を具体的に扱う必要があります。

では、インターネットを活用した調べ学習で、どのような力が身に付けばよいのでしょうか。例えば、次のような項目をチェックすることで子どもたちが自己評価できます。

A キーワードを入れて、検索できる。（10点）	□
B キーワードを変化させて、検索できる。（20点）	□
C キーワードを付け足して、検索できる。（20点）	□
D ホームページから情報を取り出せる。	
①絵や写真を１つか２つ、選んで取り出せる。（5点）	□
②出典、年度（不明の場合はアドレス）を書ける。（5点）	□
③大切な言葉（キーワード）を抜き出せる。（5点）	□
④キーワードを使っての説明を書ける。（5点）	□
E 自分の言葉で短くまとめられる。（30点）	□

100 点満点 － 調べ学習大名人
95～80点 － 調べ学習プロ
75～60点 － 調べ学習名人
60点以下 － 調べ学習初心者

合計 □ 点

次のA～Eのうち、できるものには○をつけましょう。○のついた点数の合計点が、今のあなたの「調べ学習名人」度です。

次ページに「インターネット調べ学習スキル（中学年用）」を紹介しています。

キーワード検索を中心に、どのような手順で調べ学習をすすめるのかを、スモールステップで学べるようになっています。

右のQRコードからPDFデータとWordデータにアクセスできます。

子どもたちの学習内容に合わせて編集できるようにしています。

1 調べることを決めよう。

（1）まずはじめに、調べることを決めましょう。

兵庫県の北の方にある「豊岡市」。
兵庫県の南の方にある「洲本市」。

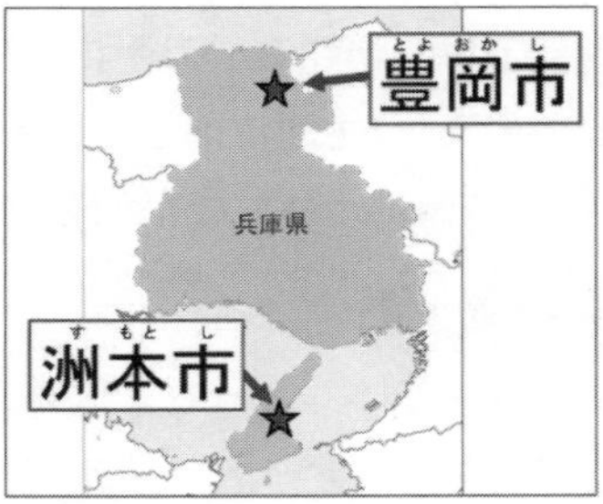

行ってみたことは、ありますか？

それぞれ、どんなところなのか調べてみましょう。

7 調べたことをまとめよう。①

1 テーマ：豊岡ってどんなところでしょうか？

2 しらべる方法

①

③
④
⑤
⑥
⑦

3 えらんだ方法

① インターネット

② 使ったけんさく(検索)サイト
→ Google
http://www.google.co.jp

③ キーワード →
④ ヒットした数 →
⑤ えらんだページ →

4 資料

資料 A

説明

5 もっとしらべたいこと

①
②
③
④

（許　鍾萬）

見開き２Ｐで美しい社会科ノートを

POINT! 情報を処理する能力の基盤は「キーワード検索の力を鍛えること」です。

新学習指導要領との関連

①社会科の小学校学習指導要領解説には「社会的事象等について調べまとめる技能」についての参考資料が掲載されています。

②参考資料では、情報を受け手に向けた分かりやすさに留意して「効果的な形式でまとめる」「主題に沿ってまとめる」「レイアウトを工夫してまとめる」「表などの数値で示された情報を地図等に変換する」ことが書かれています。

全体構造 STEP3

①初期の段階では「ノート１ページ」にまとめることを体験させます。

②慣れてきたら「ノート見開き２ページ」にまとめさせます。

③単元ごとにするのではなく、学期に１回程度の頻度で挑戦させます。

授業方法

①下記の10の観点に沿ってチェックし、８点以上を合格とします。

【10の観点】　※引用：河田孝文氏のTOSSランドコンテンツhttps://land.toss-online.com/

１	タイトル	→	２ページ全体のタイトルがあるか。
２	見やすさ	→	見やすくすっきりまとめられているか。
３	工　夫	→	読み手を惹きつける面白さや工夫があるか。
４	イラスト	→	イラストを使っているか。
５	図	→	図や表を使っているか。
６	マ　ス	→	ノートのマスをきちんと利用しているか。
７	丁寧さ	→	文字を丁寧に書いているか。
８	詳しさ	→	大切なことを詳しく書いているか。
９	キーワード	→	単元の重要語句・重要事項を書いているか。
１０	考　え	→	自分の考えや感想を書いているか。

②希望する子には、チェック一覧表を公開します。

③合格するまで何度でも足りない部分は修正してよいことにします。

④ノートをつくる時間は１時間にします（締切日を決めておき、後日提出も可）。

指導のポイントは「紙面を限定している」ところです。

限られたスペースに学んだ内容を全て入れ込むことはできません。

したがって、情報を「選択」「要約」「編集」する作業が必要になります。

向山洋一氏は、ノート指導の概要を次のように紹介しています。

1　１単元を見開き２ページでまとめさせる（見開き２ページに限定する）。
2　教科書・資料の丸写しは認めない。
3　イラスト・図解をすすめる。
4　ノートづくりの時間を与える。
5　見開き2ページごとに評価する。評価は「合格」のみ。ランクはつけない。
　不合格は「修正する」「やりなおす」ようにすすめる。
6　特に立派なノートは全員に紹介する。

（引用：教育トークラインNo.49）

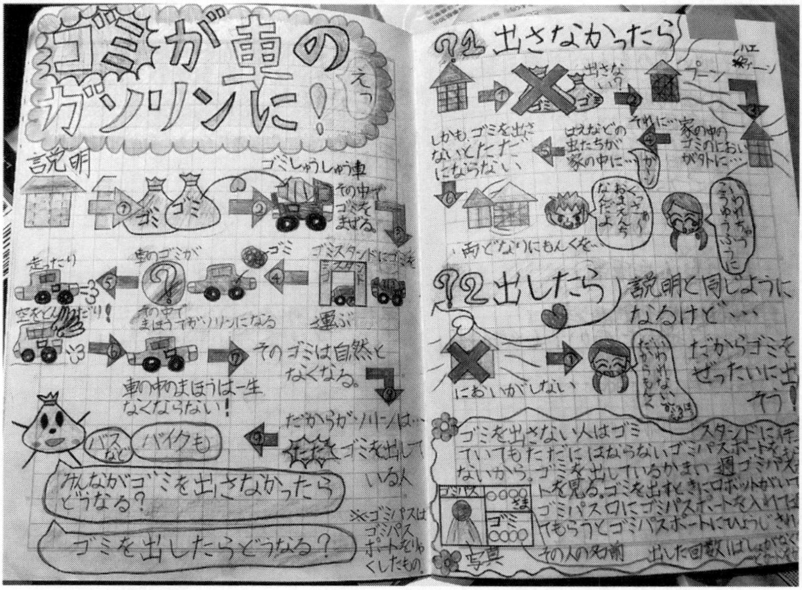

「合格の基準を緩めないこと」、これが最重要ポイントだとも書いています。

楽しく熱中してノート作業をする過程で、要点をまとめる力が身につきます。

（許　鍾萬）

テストもバッチリ
「向山型キーワードと、その説明をノートにまとめる」

POINT! 要点を見抜く目を鍛えることができ、自学の力がつきます。

新学習指導要領との関連

①小学校社会科の目標の1つが「様々な資料や調査活動を通じて情報を適切に調べまとめさせる技能を身につけるようにする」ことです。

②中学校でも「調査や諸資料から様々な情報を効果的に調べまとめる技能を身につける」ことが目標となっています。

③手順を示すことで、情報を適切に選び、まとめる技能が身につきます。

全体構造 STEP3

①教科書の単元名（タイトル）、小見出し、絵、写真、図などの表題を読みます。

②大切だと思うキーワードを探します。

③キーワードを１行か２行で説明します。

授業方法

①教科書を音読します。

教科書の単元名（タイトル）、小見出し、絵、写真、図などの表題を読ませます。本文は読まなくてもいいのですが、どうしても読みたい場合は数分時間を取って「本文を自分で読んでごらんなさい」と指示してもいいでしょう。

②ノートに手引きを書きます。

ノートに次のように書かせます。

（1）日付を書く。

（2）音読する。

・タイトルだけ

・小見出しだけ

・絵、コラムなどの見出し

・(本文)

これは作業のための「手引き」です。作業ページとは別の場所に書かせます。次からは、この「手引き」を見れば子どもは作業の順番がわかります。

③教科書の見開きから、「大切だ」と思ったキーワードを３つから５つ選び、赤で囲みなさい。

④囲んだキーワードをノートに書きなさい。

最初の授業では、赤で囲んだ子から教科書を持ってこさせます。そして全部ほめます。

次に、大切なキーワードは、ほとんどが「タイトル」「見出し」「絵やコラムのタイトル」など音読したところにあることを伝えます。そうすると、学力低位の子どもも書けるようになります。

⑤キーワードを１行か２行で短く説明しなさい。

教科書の言葉を使って説明させます。辞書を用いてもよいでしょう。

ここでも最初の授業ではノートを持ってこさせて、ほめることです。

⑥絵・写真・図・グラフなどから1つを写し、説明や感想を書きます。

写すときには直写がよいでしょう。直写をすると、どの子も集中して取り組みます。

トレーシングペーパーのような透ける紙を裁断して教師が準備しておき、必要なときに子どもが自由に取りに来るようにします。

大きさはＢ５版を４等分したくらいのもので、写せたら色鉛筆で色をぬり、ノートに貼らせます。

⑦ノートに貼ったら、その横や下に自分の言葉で説明を書きます。

ここでも最初はノートを持ってこさせてチェックします。ポイントは自分の言葉で書いてあるかどうかです。資料を丸写しした子どもは、「〇〇というのはどういうことですか」という質問に答えられません。「分からない言葉を書いてはいけません。ちゃんと調べて説明できるようにしなさい。または別の言葉で説明しなさい」のように言って書き直しをさせます。

⑧自分が選んだキーワードを使って、全体を２～３行の文にまとめます。

高学年や中学生であれば追加できる作業です。手順を追っていくことで、次からは子どもたちだけで作業ができるようになります。

（進士かおり）

見学では目についたモノを「箇条書きにさせる」

社会科見学では、目についたものを片端から見開きの左ページに箇条書きにさせます。そしてノートに書かせる。ワークシートではありません。それはなぜかを次に解説します。

「目についたものを片端から」について

「何を書こうか」と選ばないから次々書けるのです。５年生の自動車工場見学。私の学級では最高７ページ、最低２ページでした。

ただ指示を出しただけでは、ここまで書きません。

指示：５個（実態に合わせて数を設定する）書けたら見せに来て！

一人目が持ってきた瞬間「もう書けたの！　すごーい！」など、大げさなくらいに驚けばよいでしょう。すると、子どもたちは「10個書けました！」というように、次々とノートを持ってきます。見学中、子どもたちは終始一貫して鉛筆を動かしていました。社員の方の説明も、聞きながらずっとメモをしていました。したがって、見学中の態度も悪くなりようがありません。こういった副次的な効果もあります。教師は驚き続ければよいのです。驚くのも教師の技能です。

「箇条書き」について

「○個書けました！」と子どもがすぐに報告できるのも、①・②……と数字を入れた箇条書きにさせているからです。「・」による箇条書きだと、いくつ意見が書けたのかすぐには分かりません。数字で箇条書きしていれば、見学後に「④の意見言って」などと意見を取り上げやすくなります。数字を入れた箇条書きにすればこそです。見学終了後、見学先を出る前にやっておかなければならないことがあります。見学内容に関するクイズです。子どもたちの脳内は見学で得た内部情報で満ち溢れています。そこで、教師から子どもがみていなさそうな箇所を次々と問います。

「プレスの前にすることが２つありました。何と何でしょう」「床の黄色い線はなんのためにあるのでしょう」などです。このように見学で得た知識をアウトプットさせることで、記憶を強固にするのです。

「見開き左ページ」について

帰校したら、その日のうちに見学の振り返りの時間をとるとよいでしょう。その際、見学では空けておいた右ページを使うのです。

> **指示**：たくさんメモしましたね。皆さんが書いてきたそれは、全て人間の手によってつくられたものですから、つくられた理由が必ずあるはずです。それを右ページに書きます。例えば、港に並んでいた車の前にシートが貼ってありましたね。なんのため？…（指名してもよい）
> 「運んでいるときに車が汚れないようにするため」
> ですよね。このように書きます（黒板で書き方を例示する）。質問ありますか。はじめ。

などと指示し、見学でみてきた事実に対して、それが存在する理由について書かせます。

見学中　　見学後

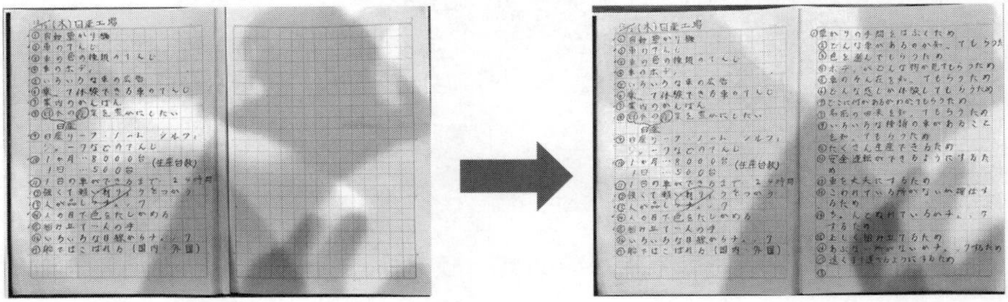

事実　　理由

例えば、「４回重ねて色を塗る→色落ちしにくくするため」などです。理由を書かせたら、書けた子から黒板に意見を書かせます。工夫ごとに分類し、分類ごとに上位概念を導き出させます。このように、見学でみてきた事実を存在理由ごとに分類することで、安全な自動車づくり、品質向上など、見学先が何に気をつけて活動しているのかに気づかせることが肝要なのです。

（清水康弘）

見学を中心にした「単元の全体構造」

①写真の「わ・き・お」から調べたい課題を箇条書きにします。
②見学に行って、目についた物を全て箇条書きにします。
③目についた物はなぜそこにあるのかの理由を書き足します。
④見学で「すごいなあ」と思ったことを箇条書きして→カードに書きます。
⑤グループでＫＪ法→一番すごいことを決めて発表・討論します。

ポイント

目についた物をすごいことに変換→ＫＪ法で１つグループで選びます

授業方法

Ａ（第一時）写真から課題を見つけ予想する

※上のブルドーザーは何をしているか討論になり、埋立地の上の写真が見たいとなるので、左の写真を示します。

①写真を見て、わかったこと、気づいたこと、思ったことをノートにできるだけたくさん箇書きにしなさい。
②清掃センターに見学に行って、調べたいこと、聞きたいことをノートに箇条書きにしなさい。

一番大変なことはなんですか。
（予想：ゴミ袋の中に危険なものが入っている）
（見学後：　　　　　　　　　　　　　　　　　　）

※ノートは１つ書いたら**「３行」**開けます。③のように後で**「予想」**と**「結果」**を書かせるためです。左のように板書・発表し、子どもたちにも写させます。更に席を離れて友達同士でもたくさん書かせていきます。

③調べたいことの下に（予想）を書いていきます。書けるところだけでかまいません。書けたら、その下に見学後に書ける場所をつくっておきなさい。（下のように見本を板書しておきます）

※10分ほどで次々と書かせる。席を離れて友達と書いてもよいことにする。

目についたもの
１　けいこうとう→明るくするため
２　黒板　　　　→字を書くため
３　机　　　　　→勉強するため

④ノートの次のページに「目についた物」と書きなさい。
⑤見学で目についた物を全部箇条書きにしていきます。
（左図参照）
⑥教室で練習してみます。教室で目に見える物、何でもいいです。３つだけ。１つ書けたら１行あけて箇条書きにしなさい。
⑦お隣に→を書いて、なぜそれが教室にあるのか予想を書きなさい。（上の図を参照）→１人１個発表させます（次々褒めます）。
⑨清掃センターでも同じように書いていきます。１行空けて「清掃センター見学で目についた物」と書きなさい。
⑩教室での練習と同じように、５番まで番号を打っておきましょう。見学場所ですぐ書けるようにするためです。

B（第二・三時）清掃センター見学

ポイント 子どもが書いた数を言ってきたら、教師が大きく驚くこと

※清掃センター（見学場所）に着いたら次の様に聞きます。

もうノートに書いた人？

子どもたちはすぐノートに「目についた物」を書き始めます。見学施設で許される限り、見学中ノートはずっと出させておきます。

先生、もう○個書いた‼（子どもがノートを持ってくる)。

必ず上記のような子が出てきます。この時重要なのがポイントの教師が驚くことです。「へえ—!! すごいね!!」と驚くと、次々子どもたちは書いてきます。「聞いたことも書いている人？」と 聞くと、見学中にメモをずっと書き続ける子が続出していきます。

C（第四時）なぜそこにあったか理由を書き、すごいことを考える

①何個書いたのか聞いてみます。書き忘れたことがあったら今、更に書き足しましょう。友達と書き合ってもいいですよ。(5分)

5分後、出席順に書いた数を言わせ名簿に書き込みます。
「見るのに夢中になっていた人もいるでしょうから、もちろん少なくてもいいのですよ」と最初に言っておくと、少ない子も安心して発表できるようになります。多い子のときは教師はもちろん驚きますが、同時に子どもたちからも「すげ〜」と声があがります。

②なぜそこにあったのか、赤鉛筆で→で理由を書き込みなさい。

> 清掃センター 目についた物
> 1 エアカーテン →**においを外に出すため**
> 2 ベルトコンベアー→**あきかんを流してちがう物を人がとりのぞくため**
> 3コンピュータ →**しょうきゃくろを動かすため**

※わかるところだけ次々書かせていきます。席を離れて友達と書いてもよいでしょう。

ノートは左のようになります。理由を書かせることで、施設の特徴や工夫が見えます。1つ1つに意味があります。次に「目に見えた物」を「凄い物」に変換させます。

> ③ノートの新しいページを開けなさい。
> ④「せいそうセンターのすごいところ」と書きなさい。
> ⑤清掃センターで見学したこと、ノートに書いたことをもとにして、働いている人や清掃センターですごいなあと思うことをノートに思いつくだけ箇条書きにしなさい。(10分程→友達と書き足します)
> ⑥今、書いた中から、すごいなあと思う工夫ベスト3を選んで、1つに1枚ずつ付箋(TOSSメモ)に絵と文で書きなさい。

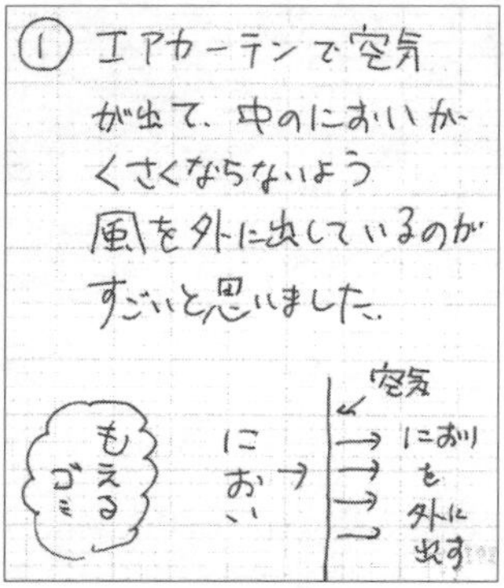

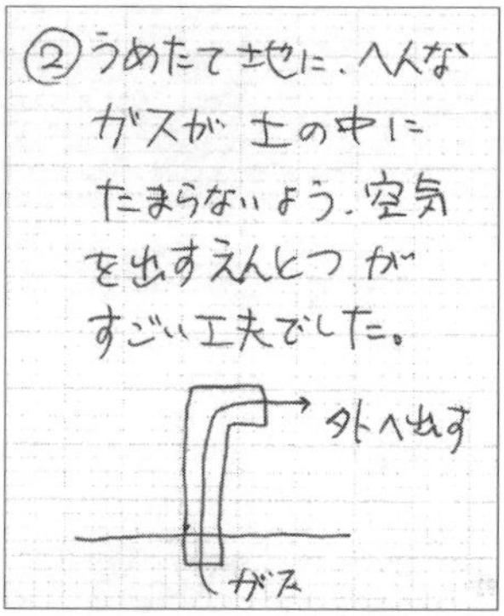

左のようなノートになります。絵と文で書くので、施設や人々の工夫が他から見てもイメージしやすくなります。

たくさん書いた中から3つに選択することで、様々な工夫を自分の中で比較して考えるようになります。

書いた3枚をノートに貼らせて、この時間は終了です。書けない子には教師が3つ選んであげて、全員が書いている状態にすることが重要になります。

D（第五時）グループで一番すごい工夫を選ぶ（ＫＪ法）

①グループ全員ののカードを画用紙に４つ～５つくらいのグループに分けて貼り、それぞれにタイトルをつけてごらんなさい。

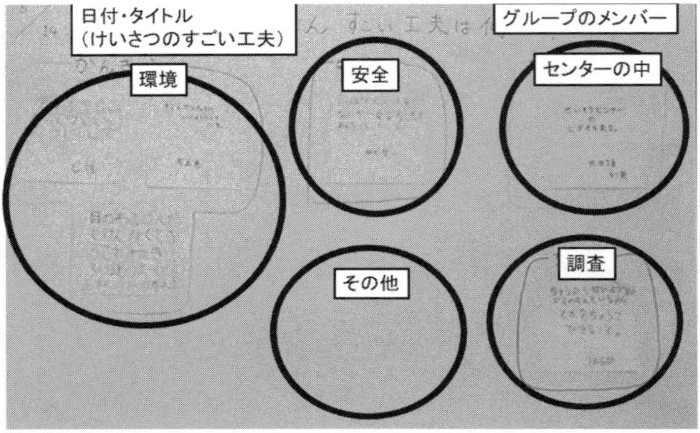

※ＫＪ法は、難しそうですが、子どもは結構簡単にやってしまいます。ポイントは「４つ～５つくらいに分けること」と、必ず「その他」を作ることです。タイトルを書かせると、どの施設にも当てはまるキーワード（概念的知識）が見えてきます。（15分位）

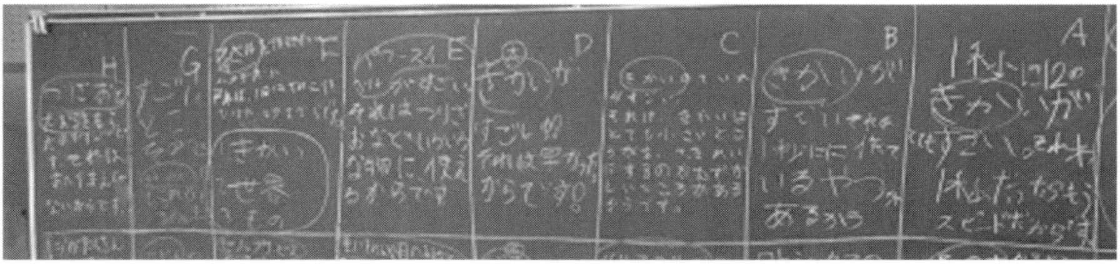

②グループの中で一番すごい工夫を１つ選んで、黒板に書きに来ます。

時間は10分ほど行います。自然にグループで討論になります。黒板は上のようになり、一目で見学施設の様々な工夫が見えてきます。

③グループごとに発表します。（代表者に読ませます。）
④おかしい意見があったら発表しなさい。（簡単に討論します。）

これで10分ほどです。討論自体よりも、様々な意見を聞くことが大切です。

⑤ノートに、一番すごい工夫の理由と相手への反論をまとめなさい。

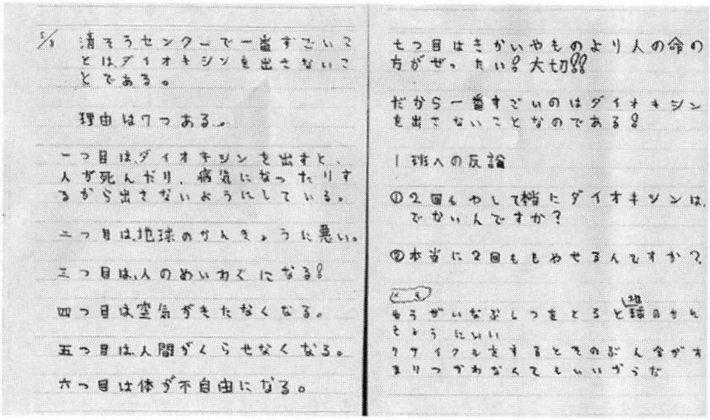

5/1 清そうセンターで一番すごいことはダイオキシンを出さないことである。

理由は7つある。

一つ目は、ダイオキシンを出すと、人が死んだり、病気になったりするから出さないようにしている。

二つ目は地球のかんきょうに悪い。

三つ目は、人のめいわくになる!

四つ目は空気がきたなくなる。

五つ目は、人間がくらせなくなる。

六つ目は体が不自由になる。

七つ目はきかいやものより人の命の方がぜったいに大切!!

だから一番すごいのはダイオキシンを出さないことなのである!

1班への反論

①2回もやして楷にダイオキシンは、でかいんですか?

②本当に2回ももやせるんですか?

※左の子は理由を7つ書いています。理由をできるだけたくさん書かせることにより、施設の１つの工夫が、複数の原因から成立していることに気づくことができます。１つの事象（工夫）の裏には多くの工夫と理由が存在するのです。

発展

①見学について途中ノート見開き２Ｐにまとめることもあります。

②○○（見学場所）の未来を絵や文で書かせます。

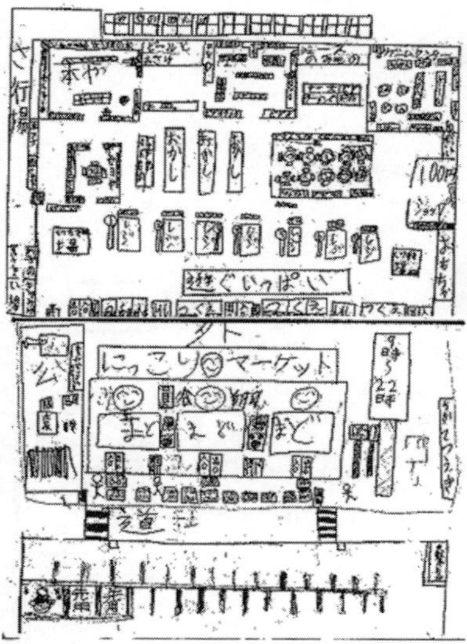

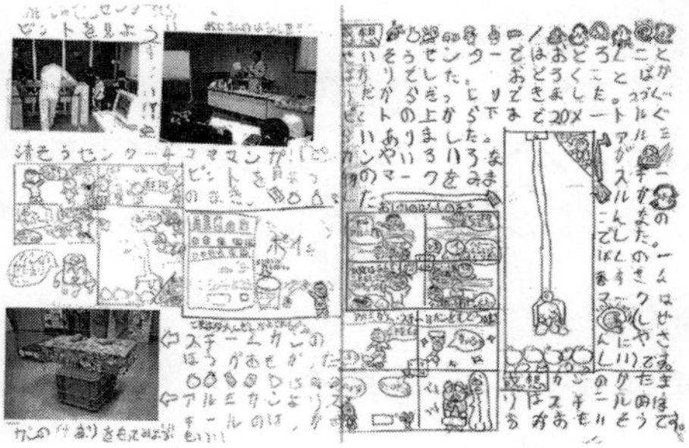

見学後は見開き２Ｐにまとめることもあります。そのことで施設の全体像を思い出すこともできます。未来の○○は、例えば「埋立地はあと数年でいっぱいになります。未来の清掃センターを絵と文で書きなさい」のようにします。

上は未来のスーパーマーケットです。創造も新学習指導要領では重要となります。

（川原雅樹）

環境教育は「向山型環境サイクル図」で全て対応できる

POINT! 環境教育全体をくくる「自然の循環」という概念

新学習指導要領との関連

①新学習指導要領では、廃棄物の処理において「衛生的な処理」を示すように記載されています。

②現在に至るまでに仕組みが計画的に改善され公衆衛生が向上してきたことに触れるようになっています。

③廃棄物の処理に限定した「法やきまり」についても扱うように記載されています。

全体構造 STEP3

①基本サイクル図を教えます。

②サイクルが途切れているところを確認します。

③サイクルが途切れているところの補修方法を考えます。

授業方法

①基本サイクル図の指導

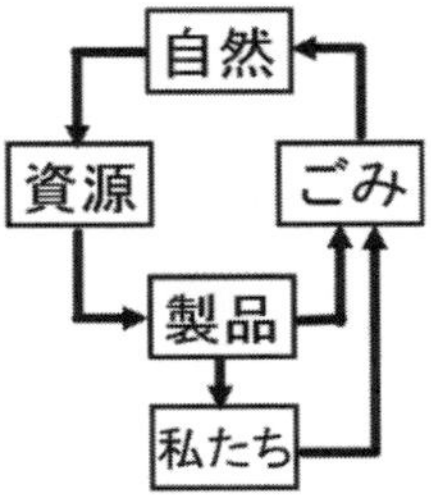

環境教育には、全体をくくる観点が必要です。全体をくくる観点を学ぶことで、いくつかの現象を自力で解いていく力がつけられます。環境教育全体をくくる概念は、自然の循環です。循環がうまくいっているなら、問題はないのです。

自然にある物から資源を取り出し、製品にします。製品を作るとごみが出ます。私たちが使うことでもごみが出ます。それらのごみが自然にかえっていくと、循環した「サイクル」となるのです。

前記のような説明をしながら、サイクル図を黒板に書きます。通常「自然」から順番に書き始めますが、授業内容や児童の発言などによって、別の場所から書き始めることも可能です。

②サイクルが途切れている場所

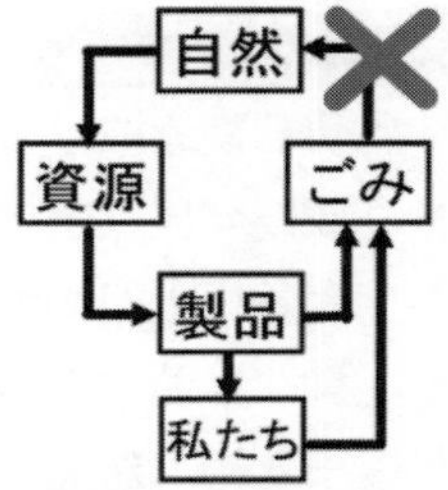

これまでの循環作用は、多くの場合、それなりに働いていました。ところが、最近の環境問題として重要なのは、循環がプッツンと途切れてしまい、回復不能になっていることです。この現象はかつての公害とちがい、地球上に住むすべての人々に悪影響を与えています。

サイクル図が循環していたら問題ないのですが、環境問題が起こり、サイクルがプッツンと途切れている場所があります。どこが切れていますか？　サイクル図に×を書き込みましょう。

どこに×を書き込むのか、子どもたちに話し合わせます。

③途切れた場所の補修方法

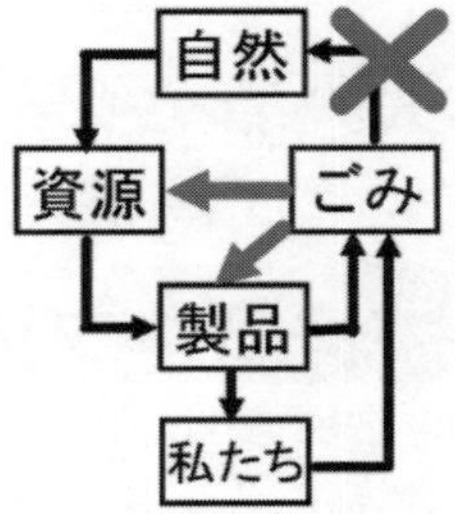

途切れた回路を助けるためのバイパスが作られています。アルミ缶の回収は、その１つです。バイパスサイクルとは、リサイクルです。

途切れたサイクルを再び循環させるためには、どうしたらいいと思いますか？　この図に矢印を増やして、バイパスを書き込んでみましょう。

どこにバイパスを通すことができるのか、話し合わせます。サイクル図は、基本形です。基本形を指導したら、紙・アルミ缶などの身近な具体例を取り上げます。矢印の太さや長さなど、具体例に合わせてサイクル図も変化させていきます。

	地球環境問題	公害
地域	地球全体	特定できる
被害者	地球全体（みんな）	特定できる
加害者	地球全体（みんな）	特定できる
解決方法	解決は難しい	解決可能

（小原嘉夫）

学習している単元の未来の形を予想する

全体構造 STEP6

①資料読み取り（写真やグラフの読み取りなど）
②課題発見（読み取りの後の発問や「おかしいもの」を出していきます）
③討論（上記②の課題の１つか２つを取り上げ討論します）
④調べ学習（後述する調べ学習 STEP7で紹介）
⑤まとめ（新聞や討論、CM作りなど）
⑥未来予測（未来の○○を絵や文で書いてみよう）

POINT! 単元のまとめに夢物語でいいので未来の形を文と絵で表現させる

新学習指導要領との関連

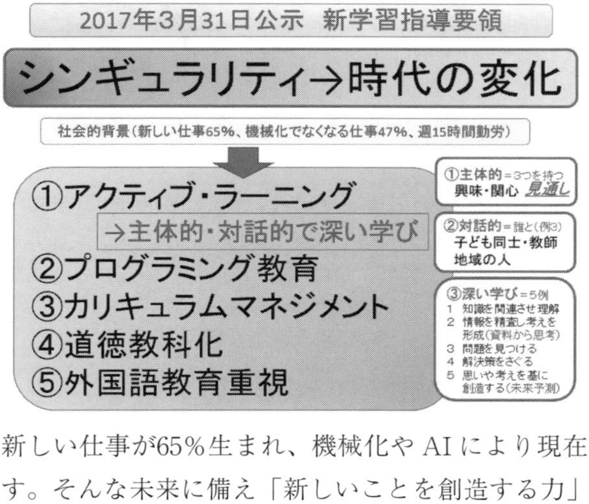

2017年3月31日公示　新学習指導要領
シンギュラリティ→時代の変化
社会的背景（新しい仕事65%、機械化でなくなる仕事47%、週15時間勤労）
①アクティブ・ラーニング
→主体的・対話的で深い学び
②プログラミング教育
③カリキュラムマネジメント
④道徳教科化
⑤外国語教育重視
①主体的＝3つを持つ
興味・関心 見通し
②対話的＝誰と（例3）
子ども同士・教師
地域の人
③深い学び＝5例
1 知識を関連させ理解
2 情報を精査し考えを形成（資料から思考）
3 問題を見つける
4 解決策をさぐる
5 思いや考えを基に創造する（未来予測）

新学習指導要領のポイントをまとめたのが左です。「主体的・対話的で深い学び」の背景は何でしょうか。AIが人間を超えるシンギュラリティは2045年に来ると言われています（早まる説も多くあります）。現在の小学生が大人になる頃には、新しい仕事が65%生まれ、機械化やAIにより現在の仕事の47%が無くなります。そんな未来に備え「新しいことを創造する力」を付けるために「主体的・対話的で深い学び」が生まれました。社会事象も年々変化しています。例えば農業にはドローンやIoTが使われます。運輸や工業も同様です。しかし、現在の社会科の学習内容はそこに追いついてはいません。すぐに内容を変化させる

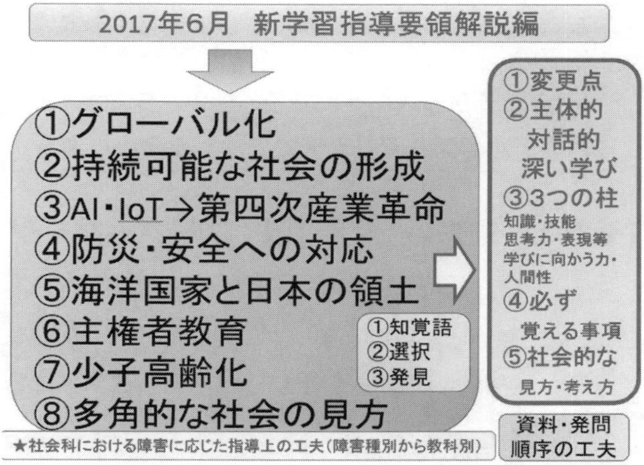

のも難しいでしょう。

そこで、現在の学習内容の「未来の形」を子どもたちに自由に創造させます。ドローン、AI、ロボット、無人化、または大人が考えつかないような事柄を視野に入れた新しい形を子どもたちは創造していきます。そして、もしかすると、実現するかもしれませんし、それがヒントになるかもしれません。社会科という教科自体が新しい世の中を創っていく、そんな希望が「未来志向」にはあるのです。

2017年6月 新学習指導要領解説編
①グローバル化
②持続可能な社会の形成
③AI・IoT→第四次産業革命
④防災・安全への対応
⑤海洋国家と日本の領土
⑥主権者教育
⑦少子高齢化
⑧多角的な社会の見方
①知覚語
②選択
③発見
①変更点
②主体的
対話的
深い学び
③3つの柱
知識・技能
思考力・表現等
学びに向かう力・
人間性
④必ず
覚える事項
⑤社会的な
見方・考え方
資料・発問
順序の工夫
★社会科における障害に応じた指導上の工夫（障害種別から教科別）

単元構成

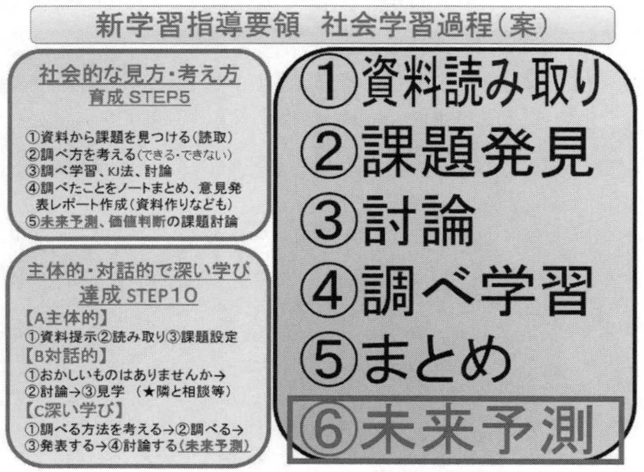

新学習指導要領 社会学習過程（案）
社会的な見方・考え方
育成STEP5
①資料から課題を見つける（読取）
②調べ方を考える（できる・できない）
③調べ学習、KJ法、討論
④調べたことをノートまとめ、意見発表レポート作成（資料作りなども）
⑤未来予測、価値判断の課題討論
主体的・対話的で深い学び
達成STEP10
【A主体的】
①資料提示②読み取り③課題設定
【B対話的】
①おかしいものはありませんか→
②討論→③見学 （★隣と相談等）
【C深い学び】
①調べる方法を考える→②調べる→
③発表する→④討論する（未来予測）
①資料読み取り
②課題発見
③討論
④調べ学習
⑤まとめ
⑥未来予測

①～⑤までは、本書で詳述しています。

これまでに示した「写真読み取り」→「おかしい意見はないか」→「課題の設定」→「見学や調べ学習（調べ学習は後述します）」→「ノートの見開きや討論・レポートなどのまとめ」（よくある新聞などでもよい）となる。本項では新学習指導要領が見据えるAI、IoTなどの新しい時代を創る上で必要になってくる「未来」を見据えた単元の最終まとめを紹介します。

深い学びへ：未来への創造　＜以下の課題を単元の一番最後に行います＞

①未来の○○・新しい○○を文と絵で表そう。（２時間程度）

（できた子からスキャナで読み込みパワーポイントに貼り付けます。）

②パワーポイントで「未来の○○」を発表しよう。

【その１　未来の○○】（例：スーパーマーケット、地震に強い町）

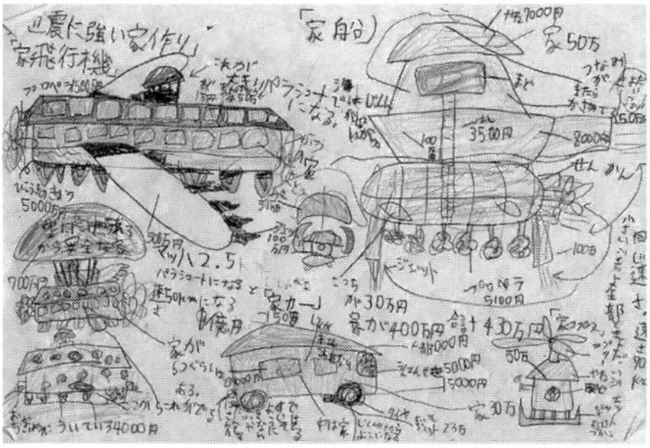

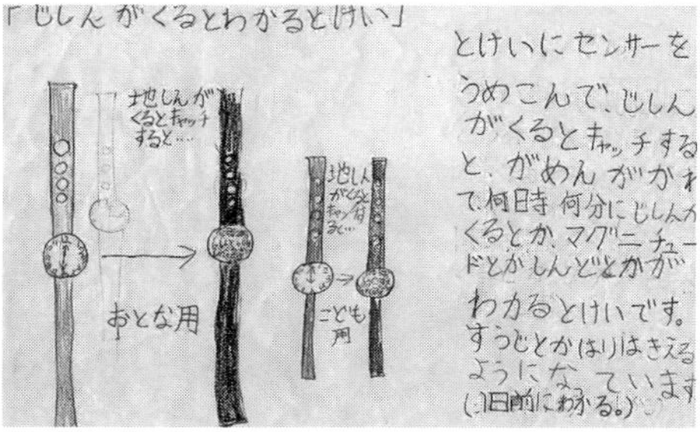

上掲左は３年生「未来のスーパーマーケットを絵や文で表そう」、右は４年生「地震に強い町作りやグッズを発明しよう」です。今から10年以上前の実践です。スーパーには「機械のレジ」とあります。今で言う無人レジです。地震グッズは「地震が来たら知らせてくれる時計」です。今ならスマートウオッチの地震緊急速報です。

このように、当時は夢物語でしたが、今ではどちらも実現しています。子どもの発想は自由です。大人が「こんなのむりだろう」と思うような夢物語でいいのです。いや、夢物語の方がいいのです。未来に向けての発想こそが大事です。

筆者は次の実践を行ってきました。

①未来の火災現場（ドローンやロボットで消火活動、自動運転消防車等）
②未来の警察官（ロボット、自動運転パトカー、犯罪を未然に防ぐ機械）
③未来の農業（自動運転トラクター、ドローンによる肥料まき、野菜工場）
④未来の自動車（車椅子がそのまま自動車に、空飛ぶ自動車など）
⑤未来の水産業（自動運転漁船、魚を育てるコンピュータ水槽、自動網）

上記は、どれもほぼ実現しています。ほぼ全ての単元で可能な活動です。

①福祉　②安全　③環境　④大量生産　⑤無人　⑥安価 などがキーワードとなってきます。

【その２　新しい○○（商品開発）】

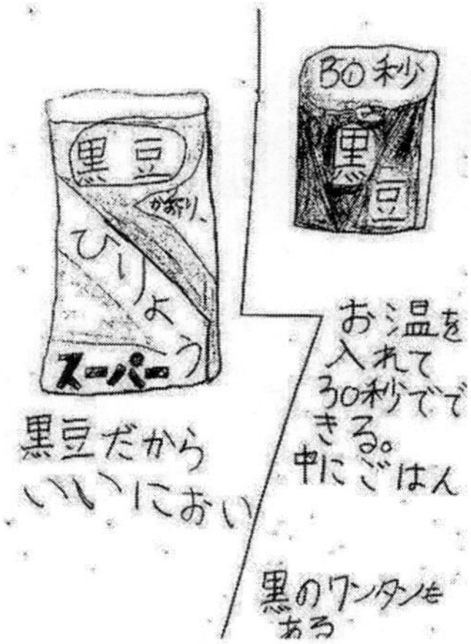

左は３年生の単元「地域で作られる物」（農業）のノートです。地域の名産「黒豆」の学習をした後に「新しい黒豆製品を作ろう」と授業したものです。これを１冊にして、市の観光課に持っていきました。残念ながら商品化にはいたりませんでしたが、市の職員や黒豆農家の方から褒めてもらい、子どもも嬉しそうでした。

発展

「討論となる未来予測」として、次の様な課題を考えるのもいいでしょう。
①植物工場の野菜は工業製品か、②日本の水産業はIQ（個別漁獲高制限）を導入すべきか、③ドローンによる無人宅配に賛成か、④ロボットによる老人介護に賛成か　など。

（川原雅樹）

全体構造 STEP3

①自分の意見を確定し、理由をノートに書きます。
②意見を発表→おかしい意見を発表→討論へ
（慣れてきたら「立ってどんどん発表しなさい」で、指名なし討論となります。）
③結論は出さずに、そのまま調べ学習などにつなげます。

ポイント

①教師は、討論途中にできるだけ口をはさまないようにします。
②テーマに対する複数の資料を教師が教材研究し持っておきます。
③賛成・反対、両方の資料を教師は持っておき、意見を言いません。

新学習指導要領との関連

①主体的・対話的で深い学び→討論になるような発問を工夫します。
②主体的とは「子どもが興味・関心・見通し」をもつことです。対話的とは「子ども同士、教師と子ども、子どもと地域の人」との対話を指します。深い学びとは「知識を関連させ理解させること、情報を精査し考えを形成すること、課題を見つけること、解決策を探ること、思いや考えを基に新しいことを創造すること」を指します。これらをクリアする学習形態が討論であり、調べ学習となります。

３年生で討論になる発問集

1　わたしたちの市（高い所から一望させること、見学）

(1) あの看板の下には何があるかな。
(2) あの道とこの道とでは、どっちが高いかな。
(3) 市章（市のマーク）の意味は何だろう？

2　校区探検→校区地図作成（地図記号含む）

(1) 家から学校までを地図にしてみよう→家が近所の人と見比べてみよう→話し合って正しい地図を完成させてみよう。
(2) 学校の地図記号は何学校？→高校は？→大学は？
(3) 消防署の地図記号「さすまた」の意味は？→どうやって火を消していたの？

3　生産と販売（農工業、スーパーマーケット）

(1) イラスト→季節は？　時間は？　この店（工場）はもうかっているか？さぼっているのは誰？
(2) ○○で一番凄い工夫は何だろう。
(3) 未来の○○を絵と文で表そう。CM作り、新製品作り。ポスター作り（グループで見比べる、グループで作成する）

4　火災と事故現場（警察署と消防署）１枚の写真から

(1) 白、青、オレンジ。どの色の人が一番先に来たの？
(2) ここに見えていない人は誰？
(3) ここで邪魔な人は誰？
(4) 不注意な人が多いから火事（事故）が多いんですね（人の不注意もあり得る）

４年生で討論になる発問集

1　わたしたちの都道府県

(1) 外国人に引っ越しを薦めるなら、県のどの地域？
(2) あなたが引っ越すなら、どの地方？
(3) 一番得な地方は、どの地方（一番損は？）

2　安全と衛生（水やゴミ単元）

(1) ○○の旅→ゴミ箱の次は？　その次は？　最後はどこへ行くの？

> 例：水＝水道の１m先には何があるの？　その１m先は？　元をたどっていくと一番の源はどこにいきつくの？

(2) １日にペットボトル何本分の水を使いますか？
(3) １ヶ月なら　(4) １ヶ月の水の使用料（お金）は？
(4) 学校ではどれくらいの水を使うのだろう（量・値段）
(5) 土地が増えるからゴミをたくさん出すのはいいことですか？
(6) ゴミを宇宙まで持って行くと、ゴミ問題は解決するのでしょうか。
(7) プラスチックゴミを捨て続けると最後はどうなるの？→どうやったらプラスチックゴミは減りますか。新しいアイディアを出しましょう。

3　災害から人々を守る

(1) (災害現場の写真を示して) 災害前はどうか、これからどうなるか、問題はなにか、どうしたらいいか。

(2) みんなの地域であった一番大きな災害は何か→もう一度起こったとき、被害を少なくするにはどうしたらいいか。

(3) 家にいるときに災害が起こったら、どこを通ってどこに避難するのが一番安全ですか。家が近所の人と話し合ってごらんなさい。

4　先人の働き

(1) あなたの地域の祭り (イベント名なら祭りでなくとも可) は、ずっとこのまま続くと思いますか。無くなってしまうでしょうか。

(2) この○○ (建物や遺跡など) をずっと残していくアイディアを出し合いましょう)。

5年生で討論になる発問集

1　日本の国土と領土 (領土編)

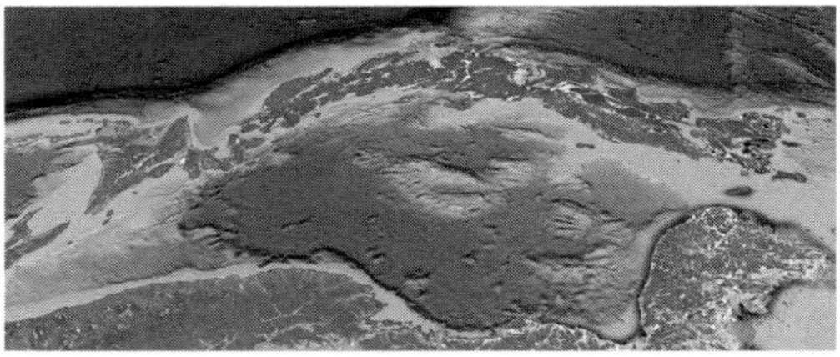

(1) 領土問題になっている島の名前を4つ言いなさい。

(2) それぞれ4つの島は、どこと問題になっているのですか。(北方領土：対ロシア、尖閣諸島：対中国、竹島：対韓国)

(3) 沖ノ鳥島は「対何」なのですか。(水没)

(4) <日本地図を反対にして>①どの国が何に困りますか。②困らないようにするにはどうしたらいいですか。③他に方法はないのですか。

(5) 択捉島とウルップ島の間をロシアが通したある乗り物は何でしょう。また、理由は何でしょう。(潜水艦。深い海溝がある。そこを通りたい。もし核戦争になっても海中に潜って太平洋に出るため)

(5) 日本の範囲を囲みなさい。(排他的経済水域を囲ませる)

2　特色ある自然条件地域（寒い、暑いなど）

(1) ○○（例：雪国）の人は損ではないか。

(2) ○○と○○、どちらに住みたいか。

(3) ○○と○○、引っ越すならどっちか。

(4) 消雪パイプから出るのは水かお湯か。

(5) パイナップルのなり方を絵にしなさい。

3　我が国の食糧生産

(1) ○○はなぜ日本一になったか。（自然条件のみではない）

→（例：青森のリンゴ、高知の二期作）

(2) 教室の工業製品「工業製品でないものは何か」

(3)「○○なら工業地域だ」「工業地域なら○○だ」と仮説を立てなさい。（他の産業でもＯＫ。例：○○なら米作地帯だ）

4　森林・公害防止

(1) 公害問題と環境問題の違いは何でしょうか。（以下、主語が公害）

①地域が地球全体。

②被害者は地球全体の人。

③加害者も地球全体の人。

④解決方法が難しい。

	地球環境問題	公害
地域	地球全体	特定できる
被害者	地球全体（みんな）	特定できる
加害者	地球全体（みんな）	特定できる
解決方法	解決は難しい	解決可能

(2) サイクル図「途切れているのはどこ」（113ページのサイクル図の項参照）

5　水産業

日本は現在参加している「TAC（海洋生物資源の保存および管理に関する法律、総漁獲可能量＝捕っていい魚ごとの総量の制限であり、日本は７種）」や「IQ（漁獲枠個別割当方式）」に参加するべきだったでしょうか。

6　情報「AI先生に賛成か反対か」「介護ロボに賛成か反対か」

6年生で討論になる発問集

1 日本国憲法

（1）学級憲法作り（討論にはならないが「対話的・深い学び」になる）

（2）日本と外国の憲法改正回数の比較

①世界中で明文化された憲法があるのは何カ国くらいか（80カ国くらい）

②憲法に平和条項を持っている国は何カ国くらいか（150カ国：西　修『世界の現行憲法と平和主義条項』より）

③世界の国々で今まで憲法改正した数は何回くらい？（アメリカ18、フランス16、イタリア14、ドイツ51、スイス132、日本0）

④日本国憲法は憲法の中でできた年が何番目に古いか（15番目）

⑤日本より古い憲法を持つ国のうち、憲法改正を一度もしていない国は何カ国か（0）

⑥日本は、平和憲法を持っていたから戦争を70年間したことがなかったという意見に賛成ですか、反対ですか（70年間戦争をしたことがない国は日本も入れて8カ国。平和条項を持つ百数十か国は過去に戦争している）

2 日本の政治

（1）○○は誰のものか（地方公共団体と国の管轄）

①水は誰のものか。②魚は誰のものか。③遊び場は誰のものか。

（2）選挙権18歳からにあなたは賛成か、反対か。

（3）インターネット投票に賛成か、反対か。

3 日本の歴史

（1）地球の歴史「初めて上陸したのは植物か動物か」

（2）狩り→牧畜、採集→農耕で生活はどう変わったか。

（3）タイムマシンで行くなら縄文・弥生どちらか。

（4）邪馬台国を探そう。（畿内説、九州説など）

（5）奈良の大仏「どれくらいの人が銅を出したか」（30万2075人）

（6）平安鎌倉「土地を開墾するにはごほうびか、無理矢理か」

（7）戦国時代「一言で言ってどんな時代か」

（8）徳川の代を続かせるためにとった策は？（重要なものを選ぶ）

(9) 初めて黒船を見た日本人はどう思ったか。(真似しよう)
(10) 本当に四民平等になったか。
(11) 15年戦争の事件→戦争を止められるなら誰で、どこか。

実践例「6年：奈良の大仏、人々は銅をどれくらい出したか」

①(大仏建立のイラストを提示) 絵を見て、わかったこと、気づいたこと、思ったことをノートにできるだけたくさん箇条書きにしましょう。(板書、発表、おかしい意見はないか)
②どれくらいの大きさかをイメージさせる。「目の大きさを手でやってごらん」(目の幅1.02m)。「校舎とどっちが高いと思いますか」(座ったままの高さ15.8m)。「大仏が立ち上がったら、どれくらい高いと思いますか」(立ち上がった高さ30m)
③誰が何のために作ったのでしょう。教科書や資料集で調べましょう。(聖武天皇が平和な国を作るため。当時の疫病や飢饉に触れる)
④何年間、何人くらいの人が働いて大仏は完成したのでしょう。(9年。14年という説もある。のべ260万人)
⑤**大仏を作るには銅が500ｔ必要だったそうです。当時の銅は今のダイヤモンドくらい価値があったそうです。当時銅を出したのは何人位いたと思いますか。数字をノートに書きなさい。**
　はじめに「2075」を一の位からゆっくり書く。これだけでも子どもは驚く。
　更に「30万」を加える。30万2075人が銅を出したと言われている。
⑥**人々はいやいや銅を出したと思いますか。**
　討論。いやいやならそんなに集まらないという意見もあるし、反対もあるだろう。結論は出さない。

(川原雅樹)

◎執筆者一覧　※印は編者

川原雅樹	兵庫県公立小学校教諭	※
桜木泰自	東京都公立小学校教諭	※
許　鐘萬	兵庫県公立小学校教諭	
勇　眞	大阪府公立小学校教諭	
太田政男	島根県公立小学校教諭	
進士かおり	三重県公立小学校教諭	
清水康弘	神奈川県公立小学校教諭	
小原嘉夫	兵庫県公立小学校教諭	

◎監修者

谷　和樹（たに・かずき）

玉川大学教職大学院教授

◎編者

川原雅樹（かわはら・まさき）

桜木泰自（さくらぎ・たいじ）

授業の腕が上がる新法則シリーズ

「社会」授業の腕が上がる新法則

2020年5月10日　初版発行

監　修　谷　和樹
編　集　川原雅樹・桜木泰自
執　筆　「社会」授業の腕が上がる新法則　執筆委員会

発行者　小島直人
発行所　株式会社 学芸みらい社
〒162-0833 東京都新宿区箪笥町31 箪笥町SKビル
電話番号 03-5277-1266
http://www.gakugeimirai.jp/
e-mail:info@gakugeimirai.jp
印刷所・製本所　藤原印刷株式会社
企　画　樋口雅子
校　正　渡部恭子
装　丁　小沼孝至
本文組版　本郷印刷株式会社

落丁・乱丁本は弊社宛てにお送りください。送料弊社負担でお取り替えいたします。

ISBN978-4-909783-32-5 C3037

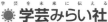